不拒學，要搶救

不登校・ひきこもりの9割は治せる
1万人を立ち直らせてきた3つのステップ

第一本讓繭居族
願意走出家門的實用SO
從拒學到正常工作，
90%都能恢復。

幫助超過 10,000 名學生脫繭的老師
高中畢業生支援會創辦人

杉浦孝宣 著 **黃雅慧** 譯

Contents

推薦序一

跨出拒學的門檻，讓生命不再困頓

王意中心理治療所所長、臨床心理師／王意中

當孩子到了上學時間，卻足不出戶，對於許多爸媽來說，總是只能乾著急。好說歹說，孩子就是不為所動，眼看著時間一點一滴的流逝，其他的學生們都一一的往校園裡跨了進去，但是自己的孩子卻持續窩在家裡。

面對眼前拒學的孩子，無論是當事人或是父母，總是不時的耗損著自己的時間與心力，而疲憊不堪。這對彼此來說，都是一場劇烈的身心消磨。

「他不出門，我能怎麼辦？」許多父母深感莫可奈何，直接放棄，或索性採取強硬的方式，無論如何，就是要讓孩子到學校上課。只是在這樣的拉扯過程中，卻

造成了往後不可磨滅、更大的親子衝突。

這時，我們忽略了一件事：**孩子拒學，到底在明示或暗示我們什麼**？該是得要按下暫停鍵，好好的來思考，眼前這拒學行為所要傳遞的訊息。

每個人的拒學成因與經驗不盡相同，無論來自於孩子個人的身心特質，或是孩子所面臨的生活、學習、人際、工作、感情等壓力課題，而破壞了孩子在日常生活中，應該有的上學規律。

這些都使得上學這條路，對孩子顯得遙不可及。而如此日復一日的繭居在家裡，最終將導致孩子、爸媽以及學校三方面，共同豎起了白旗，宣布放棄。於是，繭居生涯的序幕，正式開啟。

然而，一回又一回的拒學，卻讓孩子不自覺的，往生命中的黑洞，一步一步深陷下去。令人對於孩子的未來，不忍卒睹。但我相信，沒有孩子一開始就想要如此作繭自縛，讓自己的生命困住。

此刻，是真的需要有一些類似的成功案例，讓爸媽以及老師重新燃起，想要協助拒學孩子的動力。同時，**透過方法指引而有所遵循，逐漸修正自己與孩子的互動**

模式。

同時，閱讀拒學的相關案例，也讓孩子有了共鳴。本書作者杉浦孝宣的成功經驗，讓長時間處在匈牙利諺語「逃避雖可恥但有用」狀態的孩子，終於望見隧道出口的那一道光，而喚起行動改變的契機，不再讓自己陷入無法自拔的困境裡。

拒學終究有出口，就讓我們從閱讀《拒學，不要搶救》這本書開始。

推薦序二

當孩子成了困在繭中的蝴蝶……

國立臺北教育大學心理與諮商學系教授／趙文滔

「他知道自己在浪費時間，卻沒辦法有動力行動，動彈不得，也不敢和其他人傾訴，怕被發現他現在無所事事、一事無成，沒有任何成長。他形容這段時間是他人生最痛苦的時光。」——（摘自楊明書〈當家不再是避風港〉，二〇一八年）

他們一開始是偶爾請假不想上學，漸漸變成每週只上課兩到三天，後來乾脆足不出戶。周遭的人也想不通，明明好手好腳，小時候甚至品學兼優，怎麼現在就是出不了門，硬是把自己困在家中，逐漸陷入作繭自縛的狀態。

然而，許多父母接下來所採取的做法，往往讓事情變得更僵。因為，不管是接送、硬拖孩子到校上課，或是利誘、責罰，甚至轉學，不僅無效，最後還搞得大家人仰馬翻，精疲力竭。

就像「壓垮駱駝的最後一根稻草」，稻草絕非真正問題所在，拒學的問題本質通常多半不是學習困難。如果過度聚焦於解決課業表現與上學問題，反而會給孩子更多的壓力，使得上學變得更加困難。要真正協助一個拒學的孩子，要考慮的顯然比「順利上學」來得複雜許多。

作息不正常與網路成癮也是本末倒置。究竟是因為作息不正常、無法早起，所以上不了學？還是想逃避什麼（例如：上不了學的羞愧感）而沉迷網路？在擔心什麼（例如：別人怎麼看他）而輾轉失眠，導致作息大亂？

也許，**拒學是一個機會，逼使父母重新檢視親子關係**；讓孩子重新思考自己內心真正害怕面對的事情；讓老師以更因材施教的方法教導學生、輔導人員善用系統工作（按：輔導工作方法的一種），多管齊下協助案主。只有澈底覺悟、放棄原本無效的辦法，才有可能走出藺居困境。

對這群旁人眼中行為怪異的年輕人，我們能真正理解他們內心經歷的痛苦嗎？能真正接納他們不合常理的行為嗎？當我們因不理解、太著急，而忙著將他們拖出房外、送進學校，往往進一步加深他們的痛苦，惡化已經脆弱的傷口，讓所有人深陷於無力感的僵局中。

《拒學，不要搶救》的作者杉浦孝宣是親身經歷的過來人，他根據成功協助繭居族的經驗，提出許多提醒與建議，值得所有關心這群受困年輕人的父母、師長、輔導者，以及仍深陷繭中苦惱掙扎的當事人，從中找到希望與方向，重新展翅迎向未來。

（本文作者為香港大學婚姻及家庭治療博士、國立臺北教育大學心理與諮商學系教授、諮商心理師、伴侶與家庭治療師。）

前言
拒學、繭居不是病，人人都可能發生

二〇一九年五月，日本的年號由平成改為令和。正當舉國上下為迎接新時代的來臨，歡欣鼓舞之際，「繭居族」的社會問題卻層出不窮，在日本國內投下一顆震撼彈。

首先，是川崎隨機砍人事件。五月二十八日上午七點四十分，一群私立明愛小學的學童，在川崎市登戶車站等候校車，不料突然遭到一名五十一歲的男性繭居族持刀亂砍，因而造成一名學童、一名家長死亡，十七人輕重傷。

四天後，六月一日，又發生一起人倫悲劇。前農林水產省常務次長（按：相當於臺灣的農委會次長），在東京都練馬區的家中，持刀刺死啃老族的長男（四十四歲）。該名嫌犯遭到逮捕時，供述：「川崎隨機砍人事件讓我很不安，我就怕兒子也去殺人。」

我在寫此書時，案情雖然尚未明朗，不過這兩起殺人事件已引起媒體的高度關注，並大幅報導繭居族所引發的社會問題。

事實上，這三十幾年來，我一直致力於拒絕上學（School Refusal，缺乏上學意願、不願意去上學；以下簡稱拒學）與繭居族的輔導，曾多次呼籲各界正視問題的嚴重性，以防範未然。然而，實際上，大多數學者在處理拒學或繭居族的教育諮詢時，總是抱持過度樂觀的態度，不是勸父母「給孩子一點時間，慢慢的他就會去上學了」，就是「最好避免刺激孩子，給他一點私人空間吧」。但在發生連續殺人事件以後，繭居族顯然已是刻不容緩的社會問題。

針對這兩起事件，第九十九任日本首相菅義偉（按：延續安倍晉三未完任期，至二〇二一年九月）表示：「我們不宜將這幾起悲劇直接與繭居族做連結。」第二十一任厚生勞動大臣（按：相當於臺灣的衛福部長）根本匠亦表示：「這幾起殺傷案雖然震驚社會，但我們仍不宜替繭居族貼標籤。」這些政府高官的發言，在在顯示了大眾對於繭居族與其家人刻意迴避的氛圍。

當然，也有人認為反正船到橋頭自然直，再擔心也沒用，可是睜一隻眼閉一隻眼，終究還是得面對問題，不是嗎？

不可諱言的，繭居族絕對與這幾起殺人事件脫離不了關係。特別是前農林水產省常務次長的案例，其長男從國中時期便有暴力傾向。事情會演變至此，我認為父母實難辭其咎。

大家想想看，如果為人子女連家人都敢施暴，也難保哪天突然情緒失控，因一時衝動而釀成大禍。我想不少人都會這樣想。

然而，事實上，繭居族並非無藥可救。只要用對方法與早期治療，**二十歲以前都有辦法矯正，幫助他們重拾人生**。我經手過的案例中，不乏對家人拳打腳踢的拒學或繭居青少年，而且大部分都是男孩子。面對孩子的暴力傾向問題，我認為最好的做法是，立即接受專業輔導，而不是靜觀其變，錯失良機。

最近，本協會就有一位十八歲的學生，手持菜刀將自己關在房間裡。我們在接到父親的求救電話以後，立即派社工前往支援。好在有長期輔導，彼此已建立起互信關係，因此當社工趕到以後，他很快就放下菜刀，說：「對不起，我錯了。」

當時，只要他父親的做法有些許不慎，後果絕對不堪設想。

隨著川崎與練馬的案情釐清以後，不禁讓我感慨，這些繭居族如果能在二十歲以前，及時接受輔導，或許就能跳脫一輩子繭居在家中的命運（按：前者從小父母離異被伯父母收養，加上遭同學霸凌，成年後因為長期失業變成啃老族；後者則是因兇嫌長期遭受家暴與精神暴力）。

教育機關過去僅將繭居視為年輕族群特有的問題，因此各項調查大多鎖定十五歲至三十九歲。然而，隨著高齡者的照顧難題日益嚴重，「八〇五〇」的社會問題已逐漸浮出檯面。

所謂「八〇五〇」，**指的是八十幾歲的年邁父母，因家有五十幾歲的啃老族，而面臨老無所養的困境**。例如，川崎隨機砍人事件，嫌犯就與八十幾歲的伯父母同住。這對需要看護的老夫婦甚至曾因姪子的種種行徑，向政府相關單位尋求協助。

八〇五〇的問題凸顯繭居族並非僅限年輕人以後，日本內閣府（按：相當於行政院）曾針對四十歲到六十四歲進行調查發現，中高年繭居族高達六十一萬人，大幅超過十五歲至三十九歲的五十四萬人。

換言之，**繭居族已有高齡化的傾向**，而政府的對策至此並無太大作用。等到十年、二十年以後，這些繭居族年紀漸長，而賴以維生的父母也撒手人寰以後，他們就有可能成為社會的不定時炸彈。

話說回來，這些繭居族真的無藥可治嗎？

當然不是，透過三十多年的輔導經驗，我終於領悟出關鍵所在。

其中，最好的例子莫過於，目前在本協會擔任社工的祐貴同學。

二〇一八年八月，祐貴（當時十七歲）前往東京都議會，將陳情書遞交至時任文教委員會召集委員的里吉由美議員手中。在東京都議員、區議員、各大媒體與相關人員的見證下，他朗讀陳情書的身影，令人感動不已。

祐貴曾因為不肯上學而繭居，雖經輔導後已重新返回校園，卻礙於經濟因素，不得不放棄就讀函授高中。這個切身之痛，讓他決定挺身而出，向東京都議會遞交陳情書，呼籲政府正視繭居問題，並將支援學校納入高中學費的減免對象。

祐貴其實非常聰明，曾就讀於某一流高中。可惜暑假過後，因突然不想上學而繭居一年。家長也曾帶他前往精神科就診，還在醫院住了一段時間。不過，祐貴卻始終過著日夜顛倒、與世隔絕的日子。他剛來本協會的時候，甚至宛如行屍走肉，總是低著頭、彎著腰，不和任何人有眼神接觸。

可是現在呢？他卻是雙眼炯炯有神，不僅在眾人面前朗讀陳情書，面對議員的問題也能侃侃而談。最重要的是，他憑藉著人溺己溺的信念，一心為有同樣境遇的年輕學子發聲。看到他這一路以來的蛻變，我內心深處不禁湧起一股莫名的感動。

其實，祐貴和其他的繭居青少年並無兩樣，不過為什麼他能夠脫胎換骨呢？

當然，我並非指繭居族有較高的犯罪風險，而是只要用對方法，即使孩子一時待在家中，也能夠幫助他們重新融入社會。

每個孩子都可能拒學、繭居

三十幾年來，我輔導過無數拒學或繭居的學生。憑良心說，這些孩子大多資質聰明、才華洋溢，個性溫和又善良。他們的人生只不過是按錯了某個按鈕，才會產生社會退縮、不肯與外界接觸罷了。其他的拒學症或繭居兒也是如此。

事實上，文部科學省（按：相當於教育部；以下簡稱文科省）就曾指出：**「任何一位學童都可能出現拒學症，並非特定族群的通病」**。

子女不肯上學或繭居在家，對於孩子本身或父母來說，都是一種精神折磨，而且孩子的天賦也可能因此遭到埋沒。這對當事人或社會而言，無疑是莫大的損失。為此，哪怕只有一位孩子有幸如祐貴一樣，重拾自己的人生，我也希望能為國家找回更多造福社會的英才。

我就是在這樣的契機下，以幫助這些孩童回歸社會為己念，三十幾年來致力於輔導拒學症或繭居的孩子。

在不斷的檢討與修正下，本協會終於訂定出完善的教育使命：培養孩子養成規律生活，在建立自信、自律的同時，為社會貢獻一己之力。

換言之，拯救這些孩子的關鍵，就是「培養規律生活」、「建立自信與自律」與「貢獻一己之力，回饋社會」等三大要素。這些步驟看似簡單，實際執行起來卻頗有難度。詳細說明留待第五章另行介紹。

簡單來說，這三大要素的重點在於，執行的步驟。然而，來本協會諮詢的許多家長，卻總以「建立孩子的自信」為優先，花大錢聘請家庭教師，或是將孩子送去補習班上課，殊不知**「規律生活」才是輔導拒學或繭居族的基礎**。只要照著這三大步驟，幾乎**九成以上的孩子都能重新回歸社會**。

然而，這三大步驟有個重要前提，那就是父母或其他家人（如祖父母等）需予以理解與配合。唯有獲得父母的認同，本協會才能與父母同心協力，幫助孩子度過難關。

我真心期盼透過本書，除了宣導本協會的教育使命，更能為因拒學或繭居孩童煩惱的家長們，或其他支援團體、專家提供參考，進而拯救更多繭居的年輕學子，幫助他們重新踏入社會。

不過，這三大步驟並不適用於中年繭居族。但是，為了預防子女終其一生繭居於家中，各位憂心的家長仍可以本書為借鏡，在孩子二十歲以前，及時幫助他們重拾人生。

我個人以為，**繭居兒一旦過了二十歲，因為習慣窩在家中，會越來越難踏出家**

門。特別是那些好不容易成功脫離封閉狀態的孩子，如果又再度產生社會退縮的話，情況就會變得更加嚴重。

因此，如果孩子曾經克服繭居，卻又故態復萌的話，家長最好要有長期抗戰的心理準備。遺憾的是，大部分的家長都是心有餘而力不足，明明知道不該放任下去，卻也只能安慰自己：「等孩子自己想通了，就會去外面找工作吧。」於是，在家長與當事人皆缺乏危機意識的狀況下，就這麼日復一日、年復一年的拖下去。

換言之，如果父母不能和孩子把話說開來，反而會讓「繭居」這件事情變得理所當然。因此，為了預防子女一輩子繭居在家，更不該錯失二十歲以前的黃金救援期。

至於中高年的繭居問題雖然並非我的專長，不過根據報章媒體報導，他們的問題點其實與青少年的繭居族頗為類似。

我常常感嘆，這些成年人如果能在十幾歲，甚且年幼的時候參照我的輔導方法，矯正生活習慣的話，或許人生就不會如此。

預防長期繭居在家，最重要的莫過於早期發現、早期治療。閱讀本書的各位家長，切莫錯過時機。除此之外，有鑑於來本協會諮詢的大多是徬徨無助的母親，我特別將本書獻給全天下的母親，略盡棉薄之力。

父親的長期缺席，讓拒學更難解

事實上，拒學或繭居族的案例中，**常見於父親長期缺席的家庭**。現代社會，許多父親總以「工作繁忙」或「男主外、女主內」等理由當作藉口，不肯面對孩子的問題。

就以前述的人倫悲劇來說，那位老父親在農林水產省工作，每天忙得不可開交，因此管教的責任幾乎全由太太一肩扛起。這就是拒學症與繭居族的典型案例，因為父親不肯面對事實，而難以幫助孩子脫離繭居。

川崎隨機砍人事件也是如此。嫌犯從小因父母離異，而由伯父母收養。雖然我並不清楚兇嫌的成長環境，但無論血緣親疏，一旦肩負起養育之責，就應該視如己出才對。但是，根據新聞報導，兇嫌與伯父最後一次接觸是在二〇一九年的一月。換句話說，在他犯案的前四個月，這兩人完全沒有交集。由此可見，兇嫌是在極度缺乏父愛的環境下長大的。

這些都足以說明，做父親的如果不能正視子女的問題，就無法幫助孩子重建出發。再者，一家之主為什麼要日夜辛勤的工作？難道不是為了一家大小的溫飽？那麼，在寶貝子女出現問題的時候，父親的挺身而出不就更重要了嗎？為了那些獨自面對問題、心力交瘁的母親，我有以下建議。

首先，重要的是**父母同心協力，改變過去的管教方式**。詳細內容請參閱第四章的說明。

總而言之，家之所以成家，絕非母親一個人的責任。身為父親也應抽出時間，與子女交流。

說來慚愧，其實我在小學就有過不想上學的經驗。當時，雖然還沒有拒學這個名詞，但父母幫我找了一家供住宿的特殊教育學校，藉此鍛鍊我那體弱多病的身體。好在規律的校園生活，讓我很快就重拾正常步調，恢復小學生應有的活潑開朗。現在回想起來，這個經驗絕對是我人生的轉捩點。

主要登場人物

為顧及個案隱私，書中案例均使用假名，而學籍與年齡則是二〇一九年三月的資料（按：日本教育制度以三學期制為主，各為四月到七月、八月到十二月、一到三月，也就是四月入學、三月畢業；臺灣則為兩學期制，分別是九月至隔年一月、二月至六月）。

有鑑於**男生繭居的傾向遠高於女生**，因此主要登場人物以男生為主。主要登場人物共有十位，詳細介紹請參閱第二十七頁至第三十五頁（按：人物關係簡表請參第三十六頁）。女生的繭居案例，請參閱第二章之說明。

【祐貴】

自小成績優異，就讀於當地公立小學與國中。國中畢業以後，雖然考上某國立高中，但由於換了一個班級，高一第二學期（按：指八月開始的學期）便開始不肯上學。

九月下旬，母親帶他前往醫院就診，醫生研判祐貴有自殘的危險，因此，隨即在十月辦理住院。雖然情況一度好轉，不到一個月就能出院療養。可是，祐貴卻自此整天將自己關在家裡，再也不踏入校園一步。

後來，祐貴因為課業荒廢了將近一年，只能重讀高一，但沒幾天他又不肯上學。幾經周折，隔年六月他決定申請退學。

當他隨同母親來本協會諮詢的時候，因無意間看到實習生（按：相當於建教合作生，事業單位與學生簽訂書面契約時，需將該契約向教育相關機關核備）淳也工作的樣子而心生憧憬，因此決定接受輔導。一開始，他也想申請本協會合作的函授高中，但後來礙於經濟因素，只能選擇高中學力鑑定考試（詳見第一〇九頁）。

於是，祐貴在半工半讀的狀態下，一邊在本協會擔任實習生，一邊準備高中學力鑑定考試。可是，好不容易達成目標以後，他卻因此失去生活重心，以致又重回繭居生活。

直到我們建議他參加新生活教育營（詳見第二一〇頁），透過規律的生活，祐貴才終於恢復正常作息。

之後，他成為本協會的生力軍，為推廣函授高中（按：見第一〇二頁）支援學校的學費減免不遺餘力，甚多次親赴東京都議會陳情。

【龍馬】

二十歲，就讀某所一流大學。有過兩次拒學繭居的紀錄，分別是國一到國三，與高一的前兩個月。

龍馬透過國中考試，成功考上私立完全中學（按：設有高中部的國中；臺灣的完全中學因六年一貫及免試入學，為升國中熱門選項；臺北市有近六成高中職轉型為完全中學），然而四月升上國一以後，五月便開始不肯上學。

他母親曾向某知名心理諮詢師求助，得到的建議卻是：「不妨靜觀其變，給孩子一點私人空間吧。」於是，龍馬在父母的放任下，整整浪費了三年的國中校園生活。後來，爸媽好不容易幫他找到一間接受拒學症的住宿型高中，龍馬卻在高一寒假，利用障礙物將自己反鎖在房間裡。

所幸，他的父母來本協會諮詢，再加上父親的百般努力，終於讓龍馬踏出房門，來本協會上課。經過高中函授課程，與一年的苦讀，龍馬終於考上一流大學。

【一樹】

小學畢業以後，雖然考上一所私立完全中學，進度卻跟不上其他同學。特別是英文，從國二開始就是滿江紅，連帶其他成績也一落千丈。即便如此，在直升制度的庇護下，一樹仍順利升上高中。然而，上了高中以後，成績仍每況愈下。不到一個學期，一樹便決定申請退學。

同年秋天，他接受本協會的輔導，報名函授高中，自此努力完成高中學業。一樹在本協會擔任學生會長時，備受學員們的信賴，因此而逐漸培養出自信。即使當初父母對報考大學很堅持，但他仍不畏壓力，努力說服父母。

最後，他以報考公務員為目標，成功通過高畢生的高考門檻（按：日本公務員考試分為初級〔高中畢業〕、中級〔短期大學畢業〕、上級〔大學畢業〕；學歷僅為參考值，並非應考資格）。

【元哉】

國中念的是私立完全中學，因為從小用功念書，一考完試便出現工作倦怠症（Occupational Burnout Syndrome，又稱職業倦怠），而導致功課一落千丈。

國三更被分入放牛班，每天受盡老師的冷言冷語。不過，由於是直升制度，他仍如期升上高中，只是學習狀況卻越來越糟。於是，元哉開始動不動就曠課，整天窩在家裡打電動，過著日夜顛倒的日子，最後被迫申請退學。

本協會接受他母親的諮詢以後，安排社工與實習生進行家訪。在本協會的輔導下，元哉開始恢復上學，同時一邊打工，終於找回規律生活。在擔任學生會長以後，他越來越有自信，日前正為報考大學而埋頭苦讀。

【優人】

優人自小參加棒球隊，因優異的表現，而擔任隊長一職。後來，透過體保生的推薦制度（按：臺灣亦有體保生制度，以聯招的方式入學，不需參加一般高中生的學力測驗），進入某所私立高中。因為優人非常期待加入校隊，所以當下並無多慮，結果沒想到體育班的上課地點頗遠，他每天都得搭上一個小時以上的電車；再加上，棒球隊每天早出晚歸，身體的疲累已讓他逐漸不堪負荷。無奈的是，體保生如果退出棒球隊，往往只有退學一途。

萬不得已選擇退學的優人，之後都窩在家裡打電動，渾渾噩噩過了一年。直到成為本協會學員，在我們的輔導下，決定報名函授高中，自此為取得高中文憑而奮發圖強。

起初，優人對於任何人都是不理不睬，後來因為某次活動，才讓他與大家打成一片，同時建立起自信。目前，優人正為報考大學而埋首苦讀。

【敦也】

父親家族代代皆畢業於舊制帝國大學（按：指日本在明治維新之後到第二次世界大戰日本投降前，所設立之九所國立綜合大學），曾祖父與祖父更是東京大學的高材生。在家人的耳提面命下，敦也從小就被灌輸非一流學校不讀的觀念。每天在補習班與才藝班中度過的他，果然不負眾望，考上父母心目中的國中，緊接著又日夜苦讀，考進一所明星高中。

上了高中以後，他因為無法融入校園生活，而失去讀書的幹勁。暑假過後，他幾乎天天曠課。面對父親的暴力管教，他也不甘示弱。為了避免父子衝突，兩人甚至還分開居住。

他來本協會諮詢時，父母希望他申請東京公立高中的轉學考試，不過本人卻極其抗拒，表示希望念函授高中。在懇談多次以後，原先對學歷非常堅持的父母，也總算理解敦也的想法——選擇報考服裝設計系。

自他在本協會擔任實習生以後，每天不僅準時上學，工作表現也深獲大家的信任。甚至藉由親身經歷，成功開導不少繭居族。種種亮眼的表現，讓他一點一滴的找回自信。

【幸泰】

幸泰從小和父親感情非常的好，不過上國中以後卻開始叛逆，甚至會對家人暴力相向。

他從小成績優異，無論大小考總是全校第一名。不過，這所高中並非第一志願，因此他總是提不起勁，三天兩頭就曠課。升上高二以後，更與同學發生口角，而逐漸不肯上學。最後，在九月中請退學。

之後，父母帶他來本協會諮詢，經雙方數次懇談之後，他決定就讀函授高中，以報考醫學大學為目標。除此之外，辛泰也在本協會擔任活動幹部，參與新生活教育營，一掃過去躲懶與推諉的毛病。目前正為報考醫學大學而全力衝刺。

【翔大】

翔大小小年紀便過關斬將，考上私立明星小學，但國中成績卻不如預期，僅上了第二志願。因為對自己失望以及校風過於嚴謹，讓他剛上國一不久，便於五月開始不肯上學。雖然父母也曾使盡各種方法，逼他上學，翔大仍抵死不從。到了六月，甚至拿著三支空氣槍，將自己反鎖在房間與父母對峙。自此，過著整日與電玩為伍、日夜顛倒的生活。

此時的翔大每天蓬頭垢面，不與雙親照面，只有在半夜才會到廚房覓食。沒多久，母親前來本協會諮詢。六月下旬，我們派遣資深社工與實習生敦也進行家訪。雖然開剛始也吃了幾次閉門羹，但在我們鍥而不捨的努力下，總算讓翔大卸下心防。

最後，終於在十二月，翔大結束繭居生活，主動踏出房門。隨後，在社工的勸誘下，更逐漸增加外出次數。從第二年的四月起，他每週都會來本協會經營的支援學校上課至少四天，及至十月更是每天報到。翔大目前每日努力用功，為報考高中而準備。

【大倉】、**【竹村】**

本協會之臺柱社工。直接與會員溝通、交流。

主要登場人物

本協會

工作人員

一樹

本協會之前任學生會長。高一時因為成績不佳而申請退學；而後不畏父母壓力，決定報考公務員。

祐貴

自小成績優異，從高一開始不肯上學。因受敦也影響，而後在本協會工作。

敦也

18 歲，高一開始拒學，家族代代皆是高材生。擔任本協會實習生。

大倉、**竹村**

本協會之臺柱社工。直接與會員溝通。

繭居個案

龍馬

20 歲，有過兩次拒學及繭居的紀錄。就讀某一流大學。

翔大

國一開始不肯上學，曾經拿三支空氣槍與父母對峙。

元哉

17 歲，就讀於函授高中。國中時被分入放牛班。

優人

棒球體保生，後來因拒學而退學。

辛泰

18 歲，高二因抗拒上學而退學。而後就讀函授高中，為報考醫學大學全力衝刺。擔任本協會幹部。

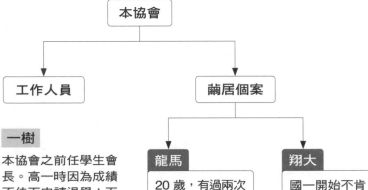

第一章

人生有四大關口，決定繭居與否

1. 拒學不是病，超過五〇%的學校都有

拒學是繭居族的初期徵兆，而且繭居人數有逐年增加的傾向。

根據日本文科省的定義，所謂拒學症，指的是「排除疾病或經濟因素，每年超過三十天，因任何心理、情緒、身體，或社會因素、社會背景，導致該學童不肯或不願意上學」（摘自「學童之問題行動與拒學等指導課題之調查」）。即使在少子化的現代，符合以上定義的學童仍逐年增加。根據二〇一七年度（指二〇一七年四月至二〇一八年三月）的資料顯示，國中生每三十一人就有一人拒學（按：見下頁圖表1，臺灣相關數據請參閱第五十四頁）。

換言之，**每個班級至少都有一位拒學學生**。由此可見，事態之嚴重已刻不容緩，因為班上的同學隨時都有可能明天就不來上學。

話說回來，很多人都以為拒學症大多發生在個性比較內向的學生身上，但實際

圖表1　拒學症學童之人數與比例推移

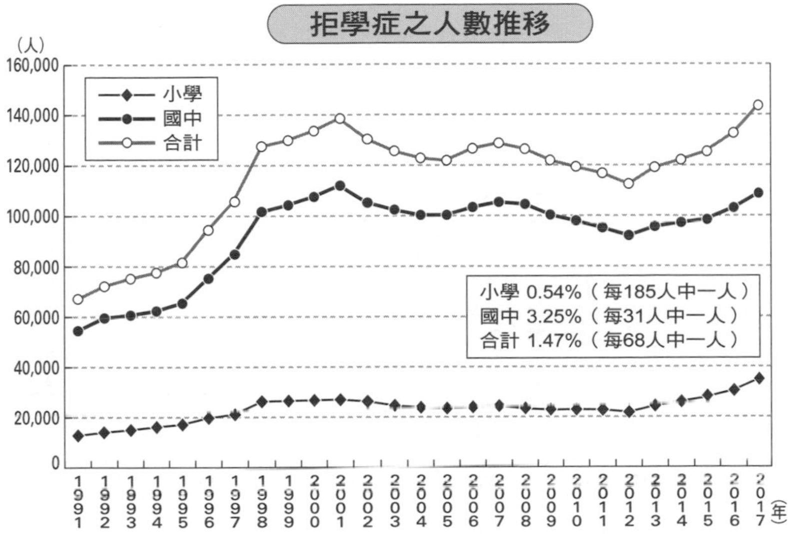

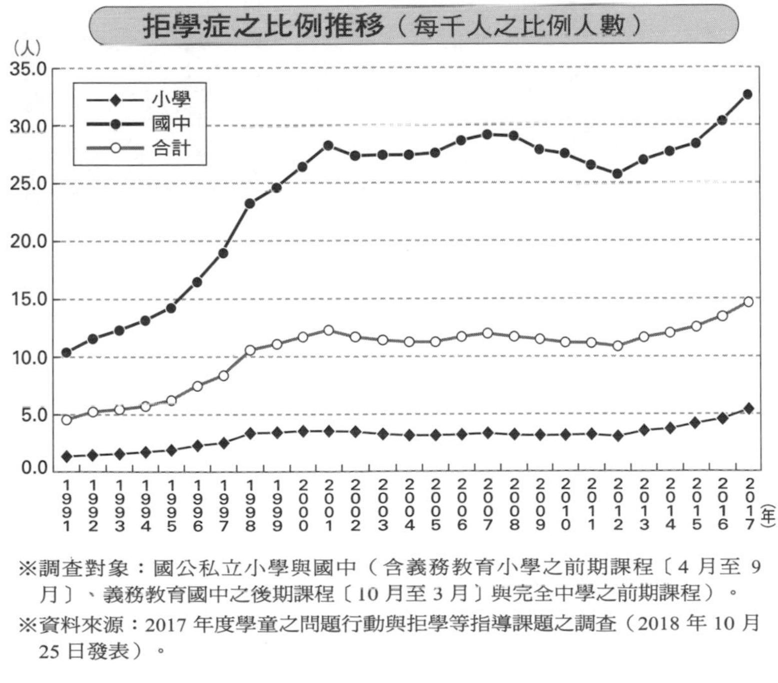

※調查對象：國公私立小學與國中（含義務教育小學之前期課程〔4 月至 9 月〕、義務教育國中之後期課程〔10 月至 3 月〕與完全中學之前期課程）。

※資料來源：2017 年度學童之問題行動與拒學等指導課題之調查（2018 年 10 月 25 日發表）。

上，**有不少拒學的個案，都是在班上極其活躍，或者功課不錯的學生**。

另一方面，厚生勞動省（以下簡稱厚勞省）則將繭居定義為，「不肯工作或上學，與家人也鮮少交流，待在家中超過六個月以上的學生」；據估計，繭居族約有三十二萬人（按：在臺灣，對「拒學」的定義尚不明確，相關說明請參第四十四頁；因經常與逃學、輟學混淆，後文將另外引用教育部公布之休退學、中輟人數供參考）。

除此之外，根據內閣府於二〇一〇年與二〇一五年的調查顯示，日本國內繭居族依序為六十九萬六千人、五十四萬一千人左右（按：臺灣政府目前尚未針對繭居族進行相關統計）。就統計數字而言，繭居族有逐年減少的傾向。

但事實上，這兩份調查對象都是以十五歲到三十九歲為主，並不涵蓋四十歲以上的繭居族。換言之，政府僅將繭居族視為年輕世代不肯上學的獨特現象，而忽視了繭居族已有長期化發展的傾向，四十或五十世代仍是家裡蹲的也不在少數（見下頁圖表2）。

有鑑於此，內閣府於二〇一八年首次針對四十歲到六十歲進行調查。結果，正

圖表2　40 至 64 歲繭居族之實況調查（一）

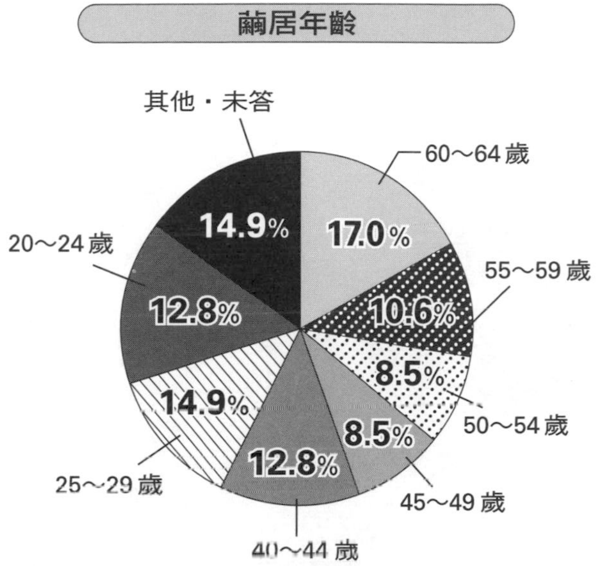

排名	繭居因由（複選，前五名）	
1	離職	36.2%
2	人際關係不佳	21.3%
3	罹病	21.3%
4	無法融入公司	19.1%
5	求職不順	6.4%

※資料來源：內閣府之調查資料（2019 年 3 月 29 日新聞稿）。

圖表3　40 至 64 歲繭居族之實況調查（二）

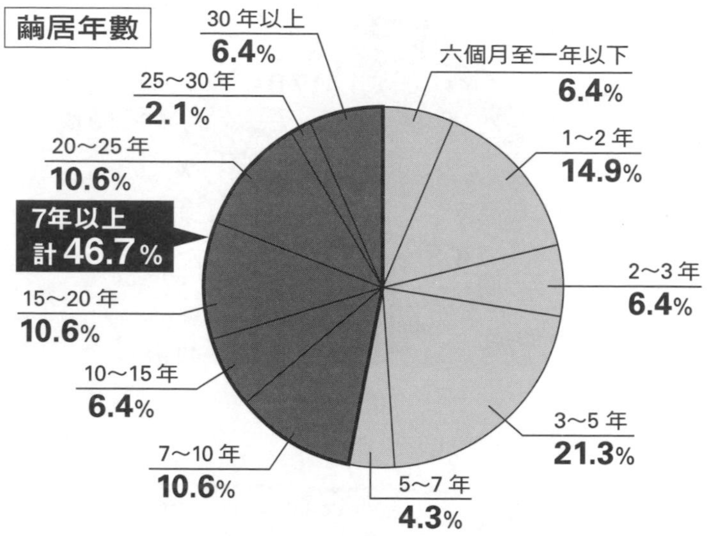

※資料來源：內閣府之調查資料（2019 年 3 月 29 日新聞稿）。

如前言所述，「八〇五〇」的社會問題已浮上檯面。

此次調查顯示，**四十歲到六十四歲的中高年繭居**族高達六十一萬三千人。

若加上**十五歲到三十九歲的族群**，繭居人數更是**幾近百萬**。

其中，繭居三十年以上的人也占六．四％（見上方圖表3）。

這足以顯示繭居族的長期化與高齡化，已是不可忽視的社會問題。

拒學不等於繭居，父母放任的結果……

只要提到不肯上學，不免讓人聯想到繭居。事實上，拒學並不等於繭居，以下就讓我們來探討其中差異。

就本協會的個案來看，雖然幾乎所有的拒學都和繭居有關，但是根據政府對拒學的定義，是指曠課超過三十天，並且待在家中超過六個月以上。然而，就我個人認為，**只要在家中且不跟家人說話超過一個月，就可以視為繭居族**。

在本協會的個案中，不少孩子和父母形同陌路，不僅連最簡單的噓寒問暖也沒有，還整天把自己關在房間裡、不梳不洗，每天蓬頭垢面。像這樣，一旦家人之間缺乏最基本的交流——自我封閉的狀態超過一個月，其繭居狀況便會日益嚴重。如此一來，繭居也就不是短期內可以有所改善的。

此時，大多數家長第一個往往是向學校輔導室求救，得到的不外乎是「給孩子一點時間，暫時不要逼他上學比較妥當」之類的建議。但是，換個角度想：同在一個屋簷下，卻形同陌路，又豈有靜觀其變的道理？令人遺憾的是，不少家長因病急亂投醫，而聽從專家建議，就這樣任由子女隨心所欲，而錯失良機。

話說回來，如果拒學症出現在大學生身上的話，那就另當別論。因為大學生的生活範圍較廣，即使不去學校，孩子也能透過打工，拓展人際關係，或是增加親子間的對話。這種**非「自我封閉」的狀態**，自然**稱不上繭居**。只要時機成熟，這些孩子終有迷途知返的一天。

相反的，我個人以為，那些明顯無法獨自度過難關的孩子，才是真正的繭居族。因此，身為家長又如何能袖手旁觀、靜觀其變呢？

〔臺灣拒學現況〕

是拒學，還是懼學？

拒學最先由外國學者於一九九三年提出，定義為「兒童有動機的拒絕上學，或無法一整天待在學校中」。而臺灣對拒學定義雖尚不明確，但已有多名國內學者將拒學定義為：「學生主動有意識拒絕上學，或者一整天在校有困難，以至於無法規律上學，拒學期間沒有反社會行為，有明顯情緒困擾。」（張雯婷、曾端蓉、黃雅君、蘇祐荻，二〇〇九）。

此外，外國學者亦設計拒學評量表（School Refusal Assessment Scale，簡稱SRAS），將拒學分成四大類型，分別是：一、逃避學校引起負向情感的刺激，如作業、老師、同學。二、逃避學校中的厭惡性社會交流等情境，諸如同儕排擠、上臺發表、學業挫折。三、要求重要他人的關注及注意，如分離焦慮、稱病獲得家人關心。四、在校外獲得的實質增強，如電視、玩樂。

而孩子不願意到校上學，又可細分為兩種狀況：一是「拒學」，另一個則是「懼學」（school phobia）。誠如前文所述，「拒學」指的是學生不願意去上學，可能是因為沉迷於網路，或是排斥教育制度，因此選擇待在家中。而懼學通常指學生「害怕」去上學，可能出於分離焦慮，也可能是因為被同儕排擠、霸凌，或師生關係惡劣等。

2. 升國一拒學比例暴增，因為英文卡關

根據我長年來的輔導經驗，人**一生中有四大關口，決定繭居與否**。第一關口是國一，第二關口是高一，第三關口是大學重考或休學期間，第四關口是求職不順遂的時期。

第一個關口，主要是由於從小學升國一時，容易對新環境適應不良。下頁圖表4是學年別的拒學人數統計，由圖表明顯可知，**升上國中以後拒學的比例遽增**。

為什麼升上國一以後，會有這麼多孩子不肯上學呢？

首先，不適應新環境是原因之一。拒學的因素（國公私立中學）除了入學、轉學、插班、升級，還包括校隊與社團等各種問題（見第四十八頁之圖表5）。這是因為，國中的校園生活不同於小學，對社團與學生會等縱向關係相當重視（按：因學年級別的關係，需長幼有序，待之以禮）。

圖表4　學年別拒學症的人數

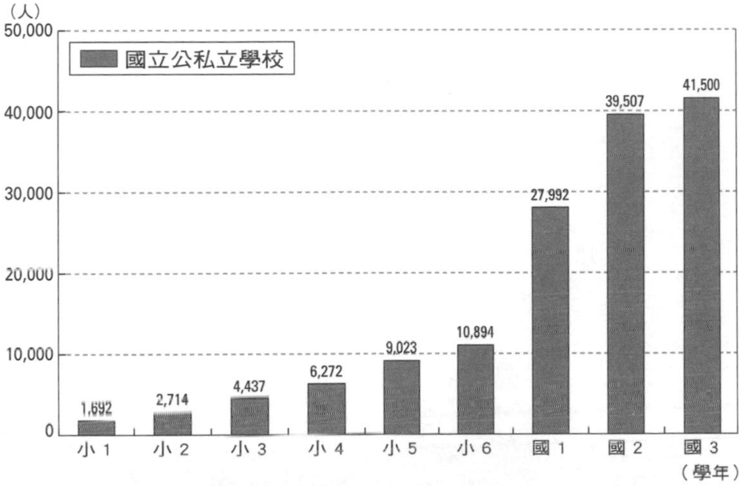

※資料來源：2017 年度學童問題行動與拒學等指導課題之調查（2018 年 10 月 25 日發表）。

其次是課業的落後。

這個原因在拒學的比例中，約占二一．八%。其中，又以**英文課的挫折居多**。

本協會的諮詢個案中，不乏成績優異的國中生。然而，日本國中入學考試（按：臺灣國中不須入學考試）一般只考國文、數學、社會與理科等四項，英文向來不是這些孩子的學習重點。所以，有些孩子即使成績很好，甚至足以參加奧林匹克的數學競賽，或將歷史事件倒背如流，但一遇到英文

圖表5　拒學主因

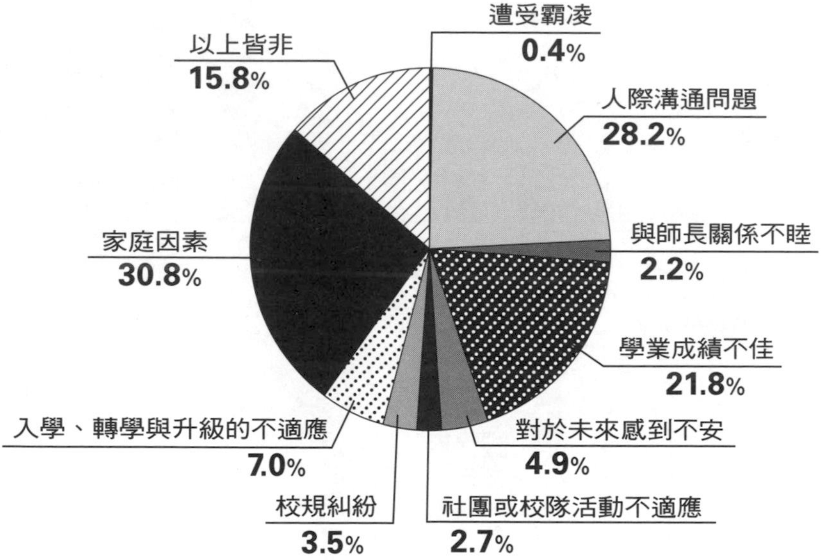

※資料來源：2017 年度學童之問題行動與拒學等指導課題之調查（2018 年 10 月 25 日發表，該調查為複數回答）。

考試，往往是吃足了苦頭。而且，升上國一以後，這些孩子也因為不想念書，而導致英文成績遲遲不見起色。

除此之外，也有些家長為了讓子女考上私立明星中學，好在親朋間揚眉吐氣，自小便逼著孩子上補習班。然而，即使努力考上一流學校，其實力和天資聰穎的同學仍是天差地別。

據說，在國中升學面試，考生若被問到：「曾經最努力的事情是什麼？」，五個人之中，有五個人都會回答：「國中入學考試。」可想而知，當這些孩子升上國一以後，因為耗盡心力、沒了努力的目標，便容易突然失去生活重心。因為考試壓力太大，有些孩子甚至還罹患了工作倦怠症。

事實上，這些孩子家長的教育水準極高，其中不乏醫生或大學教授等精英，有些甚至畢業於東京大學或京都大學等偏差值[1]七十以上的學府。不過，儘管孩子們

1　類似臺灣的學測級分，指「指考生的平均水準」。計算方式為：（個人成績－平均成績）÷標準偏差×一〇＋五〇。一般以五十作為平均基準點，要考入東大等知名大學，一般要七十以上。

的資質不錯，但由於父母的高學歷成了負擔，反而揠苗助長。

除此之外，父母在考慮子女出路的時候，完全無視孩子的感受，只會一味的要求他們考大學也是原因之一。於這些父母而言，國中考試不過是上好大學的跳板而已。

然而，私立明星國中的英文課程度頗高，約為公立國中的兩到三倍，甚至更快（按：臺灣私立國中為追求課業表現，進度亦較公立快）。例如，國一的第一個學期才教英文字母，第三學期便開始教高一文法。如此趕鴨子似的教學方式，若非有一點底子，絕對追趕不上進度。話說回來，私立完全中學一般會將六年的課程，壓縮在五年內上完，最後一年則用來預習大學大考試題。

於是，很多老師便卯起勁來趕課。而無法適應這種急行軍方式的孩子，便開始不肯上學，甚至退學求去。

接下來，讓我們來看以下兩個典型案例。龍馬因為英文課的壓力太大，而窩在家中，不肯上學；而一樹則是英文跟不上進度，最後申請退學。

〔龍馬〕國中開始跟不上英文課

二十歲，就讀某所大學。曾有兩次拒學與繭居的紀錄，分別是國中三年，與高一的前兩個月。

龍馬自小便日夜苦讀，只為考上私立完全中學。最後他雖然得償所願，但升上國中以後，卻遲遲無法適應英文課。於是，才剛升上國一的他，不到一個月便開始拒學。

心急如焚的龍馬母親遍尋心理諮詢師與教育機關，在某位知名學者的建議下：「不妨靜觀其變，給孩子一點私人空間吧」，決定先靜觀事態發展。沒想到這麼一放任，龍馬就繭居了三年，而且不與家人說一句話、打聲招呼。

後來，父母為了讓他重新來過，決定讓他就讀住宿型高中。不過，到了寒假，他又將自己關在房間裡，一步也不肯外出。當時的情況只能用地獄來形容。龍馬就像深山野人般，非但不肯梳洗，還自製障礙物，不讓任何人進入。連父母想跟他說句話，都被會趕出來。

家長在走投無路下，只好來本協會尋求協助。他父親說：「我本來想做點什麼，可是他媽媽不讓我插手，說是專家建議最好給孩子一點時間什麼的。」

好在，龍馬加入本協會以後，決定念函授高中取得文憑，為報考大學而奮發圖強。

他的偏差值雖然差強人意，但經過一年的再接再厲，終於成功考上日本數一數二的大學。目前他在本協會擔任實習生，為更多拒學症與繭居兒盡一份心力。

〔一樹〕高中英文滿江紅

高一因為課業落後而申請退學。之後，透過函授取得高中文憑，同時通過公務員考試。

一樹在考上夢寐以求的私立完全中學時，當下滿心歡喜，也覺得自己實在是太幸運，更立下豪語要認真念書。沒想到升上國二以後，有好幾科都不及格。

其中，最讓他頭痛的是英文課。所幸他讀的學校可以直升高中，所以，他告訴自己再接再厲就好。只是，升上高中以後，光是英文課就有三堂，其他的數學、物理或化學等，成績也都是不及格。由於十科項目中，只要有兩科不及格就無法晉級，因此最後他只能申請退學。

與學校生活絕緣的他，自此自暴自棄，對人生絕望。然而，在秋季加入本協會以後，他有了重新思考人生的契機——決定念函授高中高中以取得文憑，同時為報考公務員而日夜苦讀。令人慶幸的是，他終於如願以償，開始在政府單位服務。

〔臺灣拒學現況〕

臺灣中輟生，國中占九成

由於國中科目開始細分、內容加深、考試也逐漸變多，因此學習速度較慢或學習方式不得法的孩子，其成績落後的情形會更嚴重。這也是到了國中，「拒學」比率大幅提高的原因。

據臺灣行政院統計，一〇七年度國中小中輟生人數為三千一百三十七人（見下頁圖表6），其中國中生為兩千七百八十二人，占近九成。

圖表6　國中小學生中輟人數

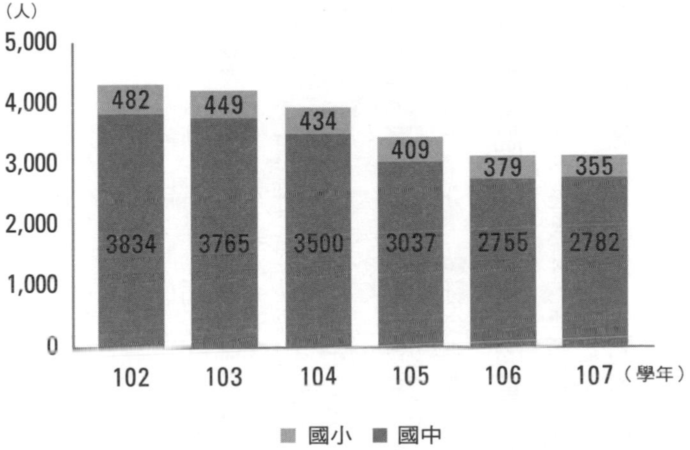

※資料來源：教育部。

輟學主因大多為生活作息不正常所致，其次為家庭因素占逾兩成，包括父母管教失當或生活習性不良等。

3. 高中非義務教育，不去上課就被退學

繼國一的不適應，繭居兒面臨的第二關口是高一。

其中，最大的差異在於教育體制的不同。相對於國中的義務教育，即使孩子天天拒學，也仍然登記在冊，可以順利拿到一紙畢業證書。然而，高中因為不屬於義務教育的範疇，所以只要一年缺席超過三十天，就無法取得學分。換言之，拒學不是留級就是退學，完全沒有轉圜的機會（按：臺灣高中為義務教育，必修須達一百二十學分、選修四十學分，始符合畢業資格）。

以四月開學來說，如果五月初的黃金週（Golden Week，四月底到五月初的大型連休）以後，漸漸不去學校，到了第二學期的九月就會被留級。但是，某些高中根本沒有所謂的留級制度，學生一旦課業跟不上，就只有退學一途。因此，每年五萬人左右的退學生當中（二〇一七年之統計資料為四萬六千八百零二人），以高一

居多（不含單位制高中[2]）。

根據文科省的調查顯示，二〇一七年度拒學的高中生高達四萬九千六百四十三人（按：為下頁圖表7數字加總；據臺灣教育部調查，一〇五學年度，高級中等學校休學人數為一萬七千一百三十九人）。

不過，由於國中為義務教育的一環，即使學生不來上學（繭居），學校方面仍可以透過造冊（按：編制簿籍）來掌握學生的行蹤。但是，高中生一旦退學便不在此列。因此，**政府並無法確切掌握高中生的繭居人數**。再加上，有些學生在家裡一待就是兩、三年。由此可知，青少年繭居的人數絕對大幅超過官方統計。

除此之外，拒學的學生當中，有四〇・一%來自上一個年度的統計。其中，留級占七・二%，中途退學占二七・三%。總而言之，在四萬九千六百四十三名的拒學症中，中途退學的學生也有四萬六千八百零二人之多。可見這些學生在拒學的那

2　類似臺灣的學分制，日本高中分全日制（學年制、單位制（即學分制））、定時制、函授制。單位制高中三年必須取得七十二學分以上，未達學生則須讀第四年。

圖表7　高中學年別的拒學人數

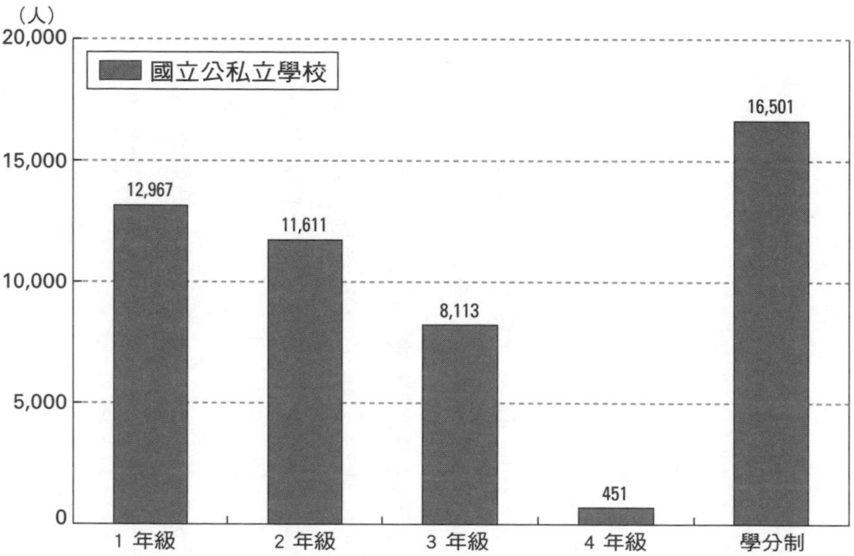

※資料來源：2017 年度學童之問題行動與拒學等指導課題之調查（2018 年 10 月 25 日發表）。

一年或第二年，便幾乎以退學收場。

長久以來，東京都認為高中並非義務教育，因此並沒有拒學的問題。然而，隨著不肯上學的高中生日漸增多，而且有越演越烈之勢，東京都終於開始著手調查。另外，文科省也於二〇〇四年度調查拒學的高中生人數。不過，根據我多年的輔導經驗，幾乎所有的高中生一旦開始不肯上學，到頭來就是申請退學，這才是真正的現況。

東京都為了解決高中生退學的問題，於是成立「青少年復學天地」（Restart Place，幫助高中輟學、國中畢業生或窩居家中的國中生，重返校園的教育諮詢中心），或「挑戰學校」（專為拒學的國中畢業生或高中輟學生所設的定時制學校，類似臺灣的夜間部學校）。東京都內共有五所定時制的挑戰高中，分為上午、下午、夜間三個時段。入學申請只須面試與提交小論文，無須前一所學校開立的學習評量表或筆試。因為門檻較低，頗受長期曠課的學生歡迎。挑戰高中雖然是四年制，不過若能兼修其他課程，也可以在三年內取得高中文憑。只不過能在三年內畢業的人少之又少，大部分的人都撐不到最後。

除此之外，東京都與大阪府雖然都有高中轉校制度。可惜的是，日本的其他縣市並沒有跟進。因此，大部分拒學症的學生若想繼續升級，大多只有就讀函授高中一途。其中詳情請參閱第三章的說明。

4. 重考、念錯大學，都可能繭居

繼國一與高一危機之後，高中畢業後也是成為繭居族的重要關口。不少重考生因為不想去補習班，而將自己關在房間裡；或者好不容易考上大學，卻因為三天兩頭的翹課，而導致休學。

特別在東京等大城市學校就讀的高中生，他們從小就被灌輸一定要考上好大學。在學校方面，不少導師也是僅依據學生模擬考試的偏差值，給予學生報考大學的建議。在升學就業指導方面，多半還是著重於向升學指導。

日本全國大學與短期大學的升學率（含上一個年度的畢業生）僅五七．九％（文部科學省之二〇一八年學校基本調查），但東京的升學率卻幾乎百分之百。於是，這些學生在搞不清楚自己興趣所在的情況下，也只能先考上一家大學充數。以至於不少人上了大學以後，才發現讀錯科系或學校，因此中途退學。國中生與高中生也有同樣的問題。例如在開學後五月的黃金週，不少學生放完假就會不想上學。

根據文科省的調查顯示，大學生的退學比例為二．六五％，休學比例為二．三％（二〇一四年九月二十五日發表之「就學生之退學與休學等實況調查」，該學年度學生總人數為兩百九十九萬人）。換句話說，每二十人就有一人，因為個人因素申請退學或休學。

〔臺灣拒學現況〕

大學生每十人，就有一．三人休退學

根據教育部統計，臺灣大專校院的退學人數由九十一學年的四萬四千多人增至一〇七學年的八萬九千多人，退學率由三．六％增至七．二％；一〇七學年的休學人數亦增至七萬七千多人，休學率約六．二％。

一〇七學年，大專校院學生共有十六萬六千五百六十二人休退學，約

圖表8　臺灣大專校院近五年之學生休退學比率

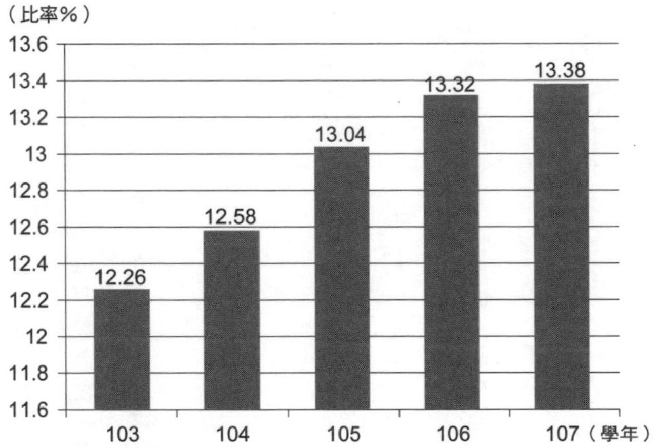

※資料來源：教育部。

占學生總數一百二十四萬的十三．三八％，比率創歷史新高（圖表8）。等同於每十人就有一．三人休退學。主因為工作需求、志趣不合、學業及經濟困難等。教育部高等教育司司長朱俊彰分析，近年休退學人數差不多，但由於少子化影響，**休退學比率**相對逐年上升，而**私立大學比公立大學高，夜間部又比日間部高。**

5. 中年失業，很可能一輩子繭居

接下來，最後一個繭居的關口，就是失業。

此時又可分為兩種狀況，其一是畢業後，因找不到工作，而足不出戶；其二是找到工作，卻因為其他因素離職，與外界隔離。根據內閣府調查顯示，四十歲到四十四歲的繭居族，因為碰上就職冰河期（按：指泡沫經濟破滅後的就業困難時期；大約是一九九三年至二〇〇五年之間的畢業大學生），因此每三人就有一人曾在二十到二十四歲，有過窩居家中的經驗——這正是他們求職不遂的原因。

三十幾年來，我始終專注於拒學或繭居族的輔導。對於近十年來繭居學童日漸增加，更是感同身受。話說十年前，ＡＤＳＬ（非對稱數位用戶網路，Asymmetric Digital Subscriber Line）才開始在日本普及。之後，隨著電腦與智慧型手的日新月異，更加快了上網的速度與便利性。

如此一來，即使孩子將自己關在房間裡，他們也不會離群索居。事實上，本協會的諮商個案中，大多數都是窩在家中，整天打電動（以男孩子居多）。

某位演員就曾在廣播節目訪談，分享自己的繭居經驗。他說，當時因為沒有智慧型手機什麼的，所以整天無所事事的他，沒多久便想外出透透氣。然而，拜網路發達之賜，若換成現在的話，或許他就會一直繭居在家裡。

換言之，**智慧型手機與網路發達的時代，反而是繭居族的溫床**。不可諱言的，智慧型手機如能妥善運用，實不失為日常生活的便利工具。然而，俗話說水能載舟，亦能覆舟，其中拿捏皆存乎一心。關於這部分留待第七章詳加說明。

第二章

別指望老師，這件事學校解決不了

1. 學校都怎麼處理？拜託家長轉學吧！

不論公私立，拒學症其實在銜接學習的任何階段都有可能發生。

然而，根據我的輔導經驗，拒學大多與私立完全中學有關（按：相較於臺灣注重高中升大學的階段，在日本想進一流大學，關鍵在於國中，因此有許多父母選擇六年一貫的私立完全中學）。

雖然私立明星中學多分散於東京各郊區，但本協會的個案當中，有九成以上都是就讀私立明星學校。其中，不乏專攻東京大學的私立明星中學或大學附屬中學；僅關東地區（指日本本州中部偏東地域），就有一百多家。因此，**拒學**可說是**名門私校都可能發生的問題**。

事實上，本協會也會視個案需求，前往該校尋求合作。遺憾的是，並非所有學校都熱情因應，即便有些學校會採納我們的意見，但更多的學校僅以官腔回應：

「本校自行解決即可。」

其中最明顯的，莫過於英文課的問題。誠如我在第一章介紹的，私立中學的教學進度遠比公立快上許多。例如，國一就開始教高中課程的文法。

實際上，那些名校的老師也對英文課的教學方式持保留態度，甚至不少人還曾私下跟我抱怨。

特別是在二〇二〇年度實施大學考試改革以後，英文科試題分為聽、說、讀、寫四個部分（按：臺灣大學學測英文科試題以閱讀為主，包括作文、翻譯），難度也相對提高。

然而，大部分的學校卻仍以閱讀為主，因此我個人認為，學校應改變教學方式，加強聽與說的比例，才能提高學生對英文的興趣。

當學生跟不上進度時，學校缺乏因應措施也是原因之一。雖然有些學校會提供課後輔導，但也有些學校是假關切之名，說什麼轉學是為了不耽誤孩子的前程，藉此軟硬兼施，變相逼迫學生離校。

在學生面臨困難時，適時伸出援手是學校的職責所在，結果這些學校卻是落井下石，建議學生早早走人。在這樣的狀況下，學生躲在家中、不肯上學也就不難理解了。

除此之外，也有不少案例是成績不差，甚至名列前茅的學生，因為大學考試壓力太大，或被周遭灌輸「一定要考上好大學」的觀念，而導致拒學症。

接下來，就讓我們來探討因成績不好遭學校逼退的案例。

〔元哉〕成績不好就放牛吃草

十七歲，就讀函授高中。在私立完全中學被分入放牛班，飽受老師的差別待遇。

元哉自小學畢業以後，雖然如願考上某所私立完全中學，卻因為太用功，而產生工作倦怠症，以致從國一就不想讀書。

接著，從國二開始，英文、數學、國文等三個主要科目全部滿江紅；

國三更被分入問題兒童的放牛班，一遲到就得寫反省報告，老師也總是極盡所能的對學生挑毛病。據說，班上已有幾人因此而退學。

不過，由於國中是義務教育，因此元哉還是順利畢業了。但是因為學校並未提供課後輔導，以至於他的高中成績一落千丈。於是，在飽受師長的差別待遇下，元哉三天兩頭就曠課，最後演變成拒學。

其實，元哉的哥哥也是念私立完全中學，但這兩所學校的教育方針卻是天差地別。

他母親感嘆：「哥哥的學校對學生一視同仁，即使學生成績不好，也會盡力讓每一位學生都能順利升學。可是呢，元哉的學校卻是放牛吃草，只要成績太差就恨不得讓學生馬上轉學似的。唉，同樣都是為人師長，為什麼差這麼多？」

〔康之〕成績不好，被逼轉學

康之就讀的私立完全中學是所六年一貫、以通過大學考試為目標的明星學校。為了激發學生的競爭意識，校園內經常到處張貼著「〇〇大學上榜〇〇人」之類的告示。

他母親說：「我兒子因為成績不理想，老師從國中開始就不斷建議我們轉學。老師還說，跟不上進度的話，去其他學校對我兒子比較好。他們甚至說，學校不歡迎那些不想努力的學生。」結果，同班同學在三年內，幾乎走了一成。

後來，雖然康之有驚無險的升上高中，不過學校的差別待遇，讓他和父母都對學校極其的不信任。

2. 父親長期缺席，常是拒學主因

私立女校也是拒學症的溫床之一。公立學校大多是男女合校，而女校則以私立學校居多。

女生的霸凌不像男生般大而化之，反而容易因為校風的關係，在封閉的環境下，發展出各種明爭暗鬥。

換言之，讀**女校**之所以會**拒學**，起因大多是**被同學霸凌**。

以下列舉明日香的案例。

明日香國小、國中皆就讀男女合校的公立學校，高中則是念私立女校，後來因被霸凌而拒學，最後申請退學。目前透過函授高中繼續學習課業。

明日香國中時參加的社團清一色都是女生，因此她對女校的環境很熟悉。而且，她到學校參觀的時候，對學姊們的朝氣蓬勃，以及可愛的校服印象深刻，因此儘管並非第一志願，她還是決定報考這所女校。

開始上學以後，因為周圍都是女生，所以明日香很快就跟其他同學打成一片。就算遇到煩惱，也有人可以訴訴苦，不會因為有男生，而覺得綁手綁腳；在社團裡，大家也都是互相照顧，一片和氣融融。

沒想到，後來她和一位同學發生糾紛，自此讓校園生活一下子從天堂掉入地獄。對方是班上的大姊大，總是公開敵視、攻擊明日香，後來同學們也開始和她保持距離。於是，明日香陷入被孤立的狀態。美好的女校生活破滅以後，她便三天兩頭的請假，最後申請退學。

事實上，有些女校為了提高升學率，校規甚至比男校還嚴苛。這是因為，日本女子短期大學廢止以後，女子大學的報考率逐年下降，連帶造成女子中學或高中的招生率也一路下跌。這些女校為了提高招生率，只好以升學率來吸引學生就讀。因此，在嚴苛的學習環境下，跟不上的學生自然遭到淘汰。

另外，部分知名女校也常有畢業生（Old Girl，簡稱OG）回來任教的例子。但是，這些人當上老師以後，通常會更變本加厲的霸凌學生，甚至倚老賣老，用盡各種方法欺負毫無反抗能力的學生。

我就曾經接過一個個案，那位小女生就讀於直升高中的女校。據說，能否晉級全憑老師喜好，若得不到老師的歡心，就只有留級一途。雖然這讓她自小養成溫馴服從的個性，但還是有不少女學生因為受不了這種缺乏人性的對待，將上學視為畏途。除此之外，即使老師不是畢業於該校，也容易因為同性相忌，專挑某位學生的毛病。

男女拒學誰多？和父親有關？

接下來，我想探討女生之所以拒學或繭居的原因。一般來說，在拒學症或繭居族的各項調查中，**男女比例約為七比三**。本協會個案的男女比例約莫是八比二。

換言之，實際上，男生繭居的比例遠高於女生。之所以會如此，我個人認為，**父親的長期缺席占很大的因素**（詳情參閱第一三二頁）。

現代社會，許多父親因為工作繁忙或者外派單身赴任（按：離開妻兒，獨自一個人前往公司的其他據點工作）而經常不在家。這個時候，男生就容易因缺乏父親的制衡而不受管教。

事實上，不少個案只要父親出面吼個幾聲，就會乖乖回去上課。然而，家裡一旦沒人扮黑臉的話，情況可就完全不同。有些兒子甚至會對母親動手，並怒罵：「煩死了，妳這個死老太婆！」

相反的，即使父親長年不在，女兒大多和媽媽感情很好，也會一起外出購物。因此，女生就不像男生那般容易產生拒學症或成為繭居族。

那麼，女生為什麼不肯上學？誠如前述，大多源自於**同性之間的霸凌**。根據本協會的觀察，**女生的霸凌都不在檯面上**，而是在私底下詆毀對方。例如，在老師面前裝出一副乖乖牌的樣子，暗地裡卻在SNS或各社群平臺留言謾罵：「去死吧」或「妳這個白痴」等。被霸凌者遇到這種狀況，即使跟學校反映，也總是不了了之。有些人便在這種壓力下，不想上學而造成成績一落千丈。

換言之，男生大多因曠課而導致成績不佳，但女生若是成績不佳，大多則因霸凌而起。

3. 體保生的兩難：退出校隊，等於退學

另外一個容易拒學或退學的原因，是體育保送制度。

去年日本大學的美式橄欖球賽中，一起惡意犯規的擒抱（Tackle）事件，讓體育界的職權騷擾（power harassment，只利用職權虐待社工或下屬）浮出檯面。

朝日新聞的記者中小路徹就曾在《脫離黑心社團》（日本洋泉社出版）一書中，針對體育界的現況多所描述，揭露體育保送與學校社團的問題（我也是訪談對象之一）（按：二〇一九年，日本已通過多條有關職權騷擾的法律，並明確定義何謂職權騷擾，可惜仍沒有相關懲罰性措施）。

對於那些體育名校而言，因為校隊成績有助於提升學校知名度，因此球隊內有個大家都知道的潛規則——總教練或教練，甚至是球員只要贏球就可以為所欲為。於是，學長教訓或霸凌學弟，也就司空見慣。

我曾經諮詢過柔道社團的霸凌個案。當時，團體賽只有五個名額，於是在無緣參賽的學長眼中，實力堅強的學弟便成為眼中釘。學長們總是找盡各種名目，暗地裡羞辱與欺負學弟。

來找我諮詢的學生跟我說：「學長不是用力打我，就是拉我的耳朵，有時還只抓我的手指過肩摔，故意要讓我受傷。」

這些體保生即使遭受霸凌，也逃無可逃。因為只要退出校隊，他們就失去在學校上課的權利。

再加上，體育成績優秀的保送生，由於平時只專注於校隊的訓練，上課並非他們學習的重心，因此除了體育班以外，也不太可能轉到普通班。接下來，就讓我們看一看優人與隆太的案例。

優人自小嚮往鈴木一朗在世界棒球經典賽（World Baseball Classic，簡稱WBC）的活躍表現，從小學二年級便加入當地的棒球隊。後來，他還當上隊長，帶領球隊在大賽中贏得第四名的佳績。

上了國中以後，他進入另外一支名氣更響亮的棒球隊，而且表現相當突出。國三的時候，他更憑藉著某場比賽的亮眼表現，立即被東京市區某所私立高中相中加入校隊。而後，在總教練的建議下，他決定以體保生的身分，進入這所高中就讀。

優人的求學之路看似一帆風順，但他沒有考慮到棒球隊的練習地點在東京郊外，光是電車就得搭上一個多小時。所以，他每天凌晨五點就得從家裡出發，練完棒球再去學校上課；下課後又留下來密集練習，回到家大多已超過十點。雖然他沒有被總教練或學長霸凌的問題，不過由於練習實在太辛苦，加上每天從早忙到晚，因此讓他的身心逐漸不堪負荷。

而且，一般學生和體育班的上課教室位置也不同。體育班的教室在棒球場的隔壁，如果退出校隊的話，也不好意思去上課。所以，優人不去校隊以後，接著也沒去學校上課了。雖然他也曾試著回學校上課，但只要一踏進教室，班上的氣氛馬上隨之凝結。

優人回想，說：「那種氣氛很難形容……就是讓我怎樣都不想再待下去。」他本來想申請轉到普通科，但學校不同意。此後，他再也沒有踏進過學校一步，一整年都窩在房間裡打電動。

後來，他透過函授高中繼續學業，才成功讓自己脫離繭居生活。

優人說：「我們這種體育班的學生功課好或不好，學校根本不在意，只會一直叫我們練球。所以，如果體育表現不佳，根本沒臉在學校待下去，但又不能轉到普通班，參加大學考試。我覺得為了將來著想，還是好好用功讀書，拿到高中文憑或者上大學比較重要。」

他現在正為大學考試而埋頭苦讀。

〔隆太〕因保送，被學長霸凌

目前就讀函授高中二年級。因足球的優異表現，以體保生進入某私立高中生。後來，因被學長霸凌而申請退學。之後，透過函授高中努力完成學業。

隆太從幼兒園就開始踢足球，後來加入當地足球隊日夜不停的練球。

小學便在日本全國足球大賽表現優異，甚至遠赴海外進修。

海外特訓的練習時間是從早上到中午，午休則到日語學校一邊吃飯、一邊上課。接著，下午再繼續苦練，每天除了足球還是足球。當他國三凱旋歸國時，日本全國高中將他視為明日之星，爭先恐後的拉攏他入學。

幾經考量以後，他選擇日本國內一所足球名門高中。然而，高一的他因為一入學就成為正規隊員，因此引來學長的眼紅及霸凌。學長們常常單獨將他叫出，一大群人穿著足球鞋對他拳腳相向。這樣的霸凌維持半年左右。校隊總教練也是一位獨裁者，只要不順他的意，就不給上場比賽的機會，甚至還會對學生人身攻擊。

隆太說：「這些事情讓我根本沒辦法好好踢球，越來越沒有幹勁。」隨後他便自主退學。目前他透過函授高中繼續學習課業，同時加入一家業餘足球隊，為成為職業選手而努力。

由前面兩個例子可知，私立高中所發生的拒學、輟學或者繭居，各有其背景與因由。然而，我個人以為，學校缺乏完善的因應措施也難逃其責。

學校輔導老師，只是聽學生訴苦

一般而言，私立學校遇到學生拒學，大多交由輔導室處理。他們總是拍胸脯跟學生保證：「輔導老師每個星期來三天，有什麼煩惱可以隨時找他們商量。」但這根本無濟於事，解決不了什麼問題。

為什麼我會這麼說？因為，心理諮詢師通常**只是聽學生訴苦**。

他們就是扮演一位忠實聽眾，然後說些不痛不癢的話。例如，學生問：「怎麼辦，我就是不想來學校？」諮詢師也僅附和回答：「是喔，不想來上學啊。」當然，諮詢師的同理對於尋求輔導的學生與家長仍相當重要，可惜這並無助於解決拒學問題。

除此之外，學校大多外聘心理諮詢師擔任輔導老師，但這些人並不清楚學校複雜的人際關係。所以，當學生訴苦：「A老師怎樣，而B老師又是如何如何」時，他們也是有聽沒有懂，因而無法給予學生適當的建議。

事實上，不少來本協會諮詢的學生都說：「學校輔導室的老師雖然很親切，也願意聽我訴苦，可是好像也改變不了什麼，我不知道該怎麼辦才好。」

其實不用想也知道，學校裡除了班導師以外，各個科目還有不同的科任老師。換句話說，九個科目就有九位老師。學生有煩惱找導師談當然最好，不過也要看學生與班導師是否合拍。有人會想，那就找其他老師商量啊！可不是嗎？其他老師同在一所學校任教，對於學校的人際關係自然最清楚不過。然而，現在的學校卻大多委聘外來的諮詢師駐守輔導室，因此反而無法對症下藥。

總而言之，**幫助那些拒學的孩子**，願意踏入校園，或者將自己封閉起來的孩子走出房間，需要的不是諮詢師，這般與自己立場完全不同的外人。而**最有效的方法既不是父母、也不是老師，而是與跟自己有過同樣經驗，年齡相仿的人**。關於這部分，請參閱第五章說明。

4. 去適應班接受輔導？沒人想被貼標籤

除了學校方面，各地方政府的教育委員會亦針對拒學症的學生，在教育支援中心另設適應班（按：臺灣稱作中途班，相關說明請見第八十五頁至八十八頁）。然而，**適應班卻有個缺點，那就是輔導對象以公立中學為主**。

一般而言，公立國中若有學生拒學，老師大多會建議學生先到適應班接受輔導，並將出席列入一般上課日數。藉由這種彈性的方式，可以幫助學生重回學校、繼續課業。

那麼照理來說，**私立國中**如果也有學生拒學，大可讓學生先到適應班緩衝一下。不過，卻**幾乎沒有學校這麼做**。

其中一個理由，來自於**自尊心作祟**。如果一不小心被熟人撞見的話，不免成為街坊鄰居的八卦話題，例如：「咦，那個誰不是考上那所明星中學嗎？他竟然來適應班上課耶。」這種謠言最容易一傳十、十傳百。於是，許多學生在自尊心的驅使下，根本無法受惠於中央或地方政府的拒學症對策。

另外一個理由，在於適應班的成立宗旨。適應班專為公立學校所設，對於私立學校的學生而言，難免有些格格不入的感覺。

各地方政府的官網上大多寫著：「適應班是專為區立中小學拒學症學童所設置的教室」，或者清楚標示受理對象為「某某市立中小學」等。如此一來，即使私立學校的學生有意願報名，也難免因此打退堂鼓。有些適應班甚至明白拒絕：「我們這裡只接受公立學校的學生。」

也就是說，適應班本來是為了拒學學生所設立的輔導單位，現在卻自設門檻。

我曾經走訪東京都二十三區的所有適應班。調查後發現，教育委員會大多委由曾擔任公立中小學的校長或副校長管理。然而，這些人的背景或許在教導課業上綽綽有餘，卻並非拒學症方面的專家。因此，想勸導那些待在家中、不肯上學的學生來適應班上課本身就極其不易。

就我的訪談結果，雖有不少老師反映：「報名（適應班）的學生只是冰山一角。」但也有些適應班超收學生，高達一百多人。那這跟在學校上課又有什麼兩樣呢？對於討厭學校的孩子而言，很難讓他們放下心防。

適應班的教學方式亦視各地方政府而有所不同。某些適應班甚至認為，如果這些學生已有拒學問題，那麼就不該再沿用傳統學校的那一套，因此讓學生可以完全不用上課；有些適應班則是報到點名完，便放任學生到自由學校[3]（Free School）或補習班上課。

此外，適應班的輔導對象目前僅限中小學生，並未顧及到高中生也是問題之一。若以長遠的眼光來看，因為這些拒學的中輟生，或退學的高中生將來較難找到工作，因此我個人以為，如何幫助他們完成高中學業，中央與地方政府責無旁貸。最後，政府設立的社會安全網（Safety Net）未能揮發作用，也是為人所詬病的政策。

〔臺灣拒學現況〕

拒學源自懼怕，中輟還包括家庭因素

一般來說，拒學天數達三日以上，就會被列為中輟（drop out），並啟動相關輔導流程，但中輟生其實並不全然為拒學生，這兩者背後的因素和心理狀態皆不同。

首先，以拒學來說，其行為特徵為發怒、逃跑及拒絕移動，或者到校後又以其他理由回家、不肯上學等。

據國立屏東大學特殊教育學系羅湘敏教授研究，拒學還可能出現心身和生理方面，例如頭痛、胃痛、臉色蒼白等特徵；行為方面則是賴床、發

3 指由家長、教師或各種團體（如企業機構、慈善團體、信託機構、大學校院等）所成立的學校，不受地方政府掌控而直接由中央政府經費補助學校。

脾氣、離家。

事實上，拒學原因相當複雜，包括家庭因素（生活條件困難、照顧者本身失職）；學校因素（考試壓力、受到排擠或霸凌、師生關係惡劣）；孩子本身具有身心疾患（例如憂鬱焦慮或行為偏差）等。

但拒學和中輟最大的不同是：**拒學的孩子會害怕上學，但中輟生則不全是如此，有些中輟生仍是可以到校上課的**，只是礙於其他因素無法繼續就讀。

不過，據教育部統計，近年來中輟學生（國小中）的人數已大幅減少。從九十三學年的四千一百五十六人（尚輟率〇．一四五%；指當學年結束時仍在輟的學生／學生總數），逐年下降至一〇七學年的三千一百三十七人（尚輟人數五百一十人，尚輟率〇．〇二九%）。

在處理中輟拒學問題，部分學校已有相關輔導機制的流程，學校方面大多會視中輟學生的個別狀況，將之安置於潛能開發班、適性教育班、傳統藝術教育班、技藝教育班、資源班、中途班〈資源式〉、慈輝班或中途學校等。

以下介紹幾種較為常見的安置方措施。

● **資源式中途班**

為各直轄市、縣市政府遴選有意願的中小學校，比照特殊教育資源班，另外設置資源式中途班，以提供中輟學生更多元化的另類適性課程（無住宿）。

● **合作式中途班**

由各直轄市、縣市政府結合轄區內民間團體資源，協助提供中輟生復學輔導及另類適性課程。

● **中途學校**

主要收容兒童及少年性剝削防制條例的被害人。採跨縣市的收容方式，提供住宿與輔導教育安置服務，並依安置學生之學力及身心狀態，經測試評估編入相當程度之班級就讀。

依規定，國小每班不得超過十人；國中每班不得超過十二人；高中每班不得超過十五人。

● **慈輝班**

專收因家庭變故而中途輟學，或因家庭功能不彰，以及因列為中低、低收入戶而有中輟之虞，學生就讀並提供膳宿。

資料來源：教育部國民及學前教育署網站。

5. 轉復學手續太複雜，有等於沒有

前面談到，社會對於拒學症的忽視與因應對策的缺乏。事實上，還是有極少數的私立學校提供全日制（按：類似臺灣的普通高中，白天上課，通常一天為六節課，一節課五十分）與函授制兩種課程。這些學校會依學生的上課狀況，隨時提供彈性上課的空間。例如，當學校發現學生情況有異時，會協助學生轉入函授課程。待學生情緒穩定以後，再轉回全日制上課。

此外，進入高中（不論公私立）就讀以後，如果有不適應，或者突然不想上學的狀況，學生也可以選擇轉學。只不過轉入公立高中或復學，大多需舉家搬遷至轉學的學區。日本全國只有東京都與大阪府的公立高中，每學期提供轉學與復學的缺額考試。當然，也可以透過校長間的協議，不用辦理搬遷，不過這算是極少數的案例（按：臺灣高中轉學，須先到原就讀學校辦理轉出手續，接著辦理戶籍遷移，再

轉入其他高中）。

我認為，如果其他縣市也能參考東京都與大阪府的做法，釋出缺額，實施公立高中的轉復學考試，必定能夠減少高中輟學的人數。不過，缺額考試競爭相當激烈，合格率只有三〇％，要金榜題名仍需相當程度的努力。

基本上，許多學校都不接受轉學或復學申請。即使可以申請，名額也有限，況且各校的轉復學手續也不盡相同。換言之，實際上，是有等於沒有的狀況。

〔臺灣拒學現況〕

高中職轉學辦法

根據教育部之「高級中等學校學籍管理辦法」規定，高一生可於第一學期結束前，向學校申請適性轉科，或於第二學期三月三十一日前，申請在高二時適性轉學。依此辦法，現行高一生申請下學期校內轉科或在高二時轉學，由學校適性輔導或以成績比序完成，不用參加轉學考。

6. 性向問題一直都是問題

社會大眾對**性少數**（sexual minority，包括女性同性戀、男性同性戀、雙性戀以及跨性別）者缺乏同理心，也是造成學生拒學的原因之一。這話題經常引起熱議，但不論學生的性向如何，最重要的是營造出讓一個學生感到自在、可以做自己的環境。

除了制度與設施的整備以外，學校的氣氛，甚且同學的理解也極其重要。以下是因性向問題而拒學的案例。

光琉從國小畢業以後，考入一所公立完全中學。雖然是第一志願，但開學沒多久即因不適應而不肯上學，甚至已有輕度的繭居傾向。

國中一畢業便申請退學，並於隔年四月報名函授高中，同時在本協會當實習生。目前正報考法學院而埋頭苦讀。

光琉雖然是女生，不過從幼兒園開始，她就覺得自己好像和其他的小朋友不太一樣。

小小年紀的她，對性別仍然懵懂無知，直到上了國中以後，她才意識到自己的性取向。有一次，她去Uniqlo（優衣庫）買睡衣，因為女生款式沒有合適的尺寸，索性買了男生的S尺碼。結果，在試穿以後，她當下受到很大的衝擊。她回想，說：「我頭一次感受到自己的魅力，同時也更確定自己不是女生。」

話說，光琉的學校校服有裙子與長褲兩種。之後，她就都只穿長褲上學，或許這是學校顧及到性少數者的需求也未可知。然而，嚴謹的校風終究讓她不得不隱瞞性向，無法訴說的苦悶更使得她終日悶悶不樂。也因為性別上的認同混淆，讓她開始感到自責：「一定是自己有問題！」而後漸漸的不肯上學。

再加上父母從早忙到晚，因此她一直找不到機會向家人求救。這樣孤立無援的情況持續一段日子以後，終於逼她走上絕路，所幸被救了回來。此時，她的父母才注意到光琉的異狀。

她父親來本協會諮詢時，她已升上國三。父母當時考慮讓她就讀函授高中，因此尋求本協會的意見。光琉第一次來本協會參觀時，社工竹村正和其他學生一起玩馬力歐賽車。有時，我們為了吸引學生準時上課，會用遊戲機當作獎勵。就在大家玩得盡興之際，正好遇到光琉來參觀。當下，光村便邀請她加入，她也爽快答應。

後來，光琉回想起當時的情景，說：「真沒想到老師也愛玩遊戲呢！我當時只覺得這麼自由自在真好，後來也覺得這個地方一定能夠接受原原本本的我。而且，不用一整天坐在椅子上，想說什麼就說什麼，想讀書的時候才讀書。除此之外，大家也能配合我的步調，同時尊重我的性別認同。在這種環境下，我覺得自己一定能夠勇往前進。」

四月的時候，雖然光琉仍保持觀望的態度，但七月以後，她就每天準時來本協會報到了。而且在學生共享的生活日記中，她也大方寫下自己的性別是中性（X-gender），甚至在教室也不諱言的坦承：「我就是中性，不是女生。」

我也是因為光琉才知道，所謂中性，不是一般人口中的同志（亦即LGBT，指女同性戀者〔Lesbian〕、男同性戀者〔Gay〕、雙性戀者〔Bisexual〕與跨性別者〔Transgender〕的縮寫），中性（X）指的是認為自己的性別不歸屬於男性

（M）或女性（F）。其中因由各自不同，有些人覺得自己既是男性也是女性；有些人覺得自己屬於兩者之間；也有些人覺得自己既非男亦非女，是第三性別；有些人則視時間場合而定；當然也有些人根本搞不清楚自己的性向。

當光琉在班上出櫃以後，同學們紛紛問她：「蛤，光琉妳在說些什麼啊？」或者「所以我們覺得妳是男生就是男生，女生就是女生囉！」對於這些問題，她不厭其煩的一一回答。

她說：「我當時真的很高興，因為班上沒有一個人覺得我很噁心，或把我當作怪胎。大家都認同我這個人的存在，而且也很誠實的表達自己的看法，或是對我很有興趣。」因為同學們的尊重與接納，光琉開始勇於表現自己，人生頓時豁然開朗。

後來，她在本協會當實習生，負責各種大小事務。漸漸的，她開始有自己的想法，也勇於跟社工表達。後來，她決定念法律系，為社會貢獻一己之力。目前正為報考法學院而奮發圖強。

日本全國恐怕沒有一所全日制學校，會針對性少數的學生，提供完善的因應措施或學習環境。因此，才會導致像光琉這樣的學生不肯上學，窩居家中，甚至自殺未遂。雖然無障礙廁所的設置，代表社會大眾已開始重視性少數者。然而，加強老師與同學的理解，營造一個無關性別，人人都能自由自在、表現自我的空間，才是真正不可或缺的。

7. 各學校因應拒學孩子的制度比較

當發生學生拒學、退學或繭居時，公私立等各種學校有哪些優缺點呢？重點整理，如下頁圖表9所示（臺灣相關資料，見第九十九頁之圖表10）。

誠如文科省所言，拒學症可能發生在任何一個孩子身上。因此，建議家裡有小學生或國中生的家長，在選擇國中或高中時，最好**將學校的拒學因應相關措施納入考量**。

家裡如果有一位拒學症的孩童，對於孩子本人或是家長，都是一種極大的折磨。然而，只要預先做好心理準備，知道如何因應，便能將影響降至最低。例如，掌握目前就讀的學校提供哪些對策；即使發生不肯上學的狀況，也有自由學校，定時制或函授高中等選項。重點在於，儘早尋求相關機關的協助，為子女找到更合適的升學之路，完成高中學業或報考大學。

圖表9　拒學、退學與繭居時，各學校之優缺點

學校類型	優點	缺點
公立國中	・設置適應班，以因應拒學症問題。	・老師異動頻繁，難以長期關照。
私立國中	・學校的學習環境有利於報考大學。 ・老師任期較長，對於學生的關照較為周全。	・越是名門國中，越缺乏拒學症的對策。即使設有輔導室也形同虛設。
公立高中	・東京都與大阪府允許以不適應為由申請轉學，而且無須事先申辦退學。 ・為因應解決高中生的退學問題，成立青少年復學天地（東京都），避免學生不務正業或成為繭居族。	・老師異動頻繁，難以長期關照學生。
私立高中	・老師任期較長，對於學生的關照較為周全。 ・少數高中提供全日制與函授制兩種課程，視學生的狀況彈性因應。例如學生適應不良時，可轉入函授高中等。	・東京都規定凡是申請轉入都立高中者，須先申請退學後，才能參加轉學考試。因此，只要報考成績不佳，便面臨兩頭空的窘境。 ・缺乏退學以後的就業相關指導。
自由學校	・透過各種活動與祭典，協助長期拒學或繭居的學生重新融入社會，同時加強人際關係。	・教學課程不夠嚴謹，學力相對較差。 ・無法取得高中文憑。 ・學費較高。

※資料來源：文部科學省發佈之「2017 年度學童問題行動與拒學症指導課題之調查結果」（2018 年 10 月 25 日之新聞稿）。

（接下頁）

學校類型	優點	缺點
定時制高中（類似臺灣的夜間部）	・一週上學五天，有利孩童脫離繭居生活，回歸正常生活。 ・取得高中文憑。 ・東京都共有五所進修學校（三部制）無須提交學校的調查表，特別適合拒學症或繭居在家的學童。	・定時制公立高中的輟學比例普遍偏高。高一約有17.7%，高二則有11.3% 申請退學。
函授高中	・在家書寫學年報告，剩餘時間即可自行運用。例如上補校或補習班。或者以成為職業選手、從事演藝事業為目標等。 ・只須提交報告，參加面授課程便能取得高中學歷。 ・部分函授高中（含支援學校）甚至與多所知名大學合作，提供推薦名額。	・函授制代表自主學習，因此在重建學生自律生活方面稍有難度，大多需支援學校的輔導。換言之，學費負擔較重，有函授與支援高中的雙向支出。 ・函授制無須每天上學，畢業後若有其他出路（如上大學或就職），能否適應朝九晚五的生活將是問題點。 ・與全日制高中相比，退學率相對較高，極有可能半途而廢（全日制公立高中為 0.8%，私立高中為 1.2%。函授制公立高中為 6.3%，私立高中則為 4.2%）。

※退學率：該學期退學人數／該學期實際在學人數。

圖表10　臺灣各級學校之優缺點

學校類型	優點	缺點
公立國中	・學費便宜，每學期學費標準為六千元。 ・升學壓力較小，提供學生自主的上課空間。	・有常態分班，因學生素質不一，常有排擠、霸凌等現象。 ・規定較多，例如第八節、第九節，週六輔導不能上進度。
私立國中	・大多設有直升高中制度，六年一貫，以大學測試為目標。	・學費昂貴，每學期學費標準最高為一萬三千元。 ・競爭力、升學率高；進度大多超前，兩年內上完三年課程。
公立高中職	・收費低，管理具規範，師資相當穩定，流動性較小。 ・較注重素質教育，管理比較寬鬆自由。	・老師沒辦法顧及全班同學，和家長較缺少溝通交流。
私立高中職	・注重學生水平，學風整體比同等公立學校要稍好。 ・每班人數較公立學校少，有利於老師細心關照每位學生。 ・整體教學質量較好，部分私立學校還有淘汰制。	・費用較高，私立學校一年學費兩至三萬多元。 ・招生門檻高。 ・因待遇問題，私立學校教師隊伍流動性較大。
公立大專院校	・學費便宜。 ・擁有較優良的教育設備及師資。	・競爭激烈，門檻較高。
私立大專院校	・學費昂貴。 ・新興科系較多元。	・學生較被動學習，易有缺課過多的問題。

※上述比較僅供參考，依各校狀況仍有差異。

※公私立的小學與國中情形略同。在少子化趨勢下，臺灣另有實驗學校興起。根據教育部最新統計顯示，實驗學校校數 2019 年度為 79 校，學生人數亦提升至八萬人。

第三章

不用每天上課的人生新出路

1. 函授制，從專收退學生，到升學首選

前面介紹了拒學症與高中退學的現況與背景，而這些因為拒學或成績不佳，不得已申請退學的高中生，還有一個就學管道——函授高中[4]。

事實上，日本國內的函授高中無論是學校所數或學生人數，都有逐年增加的傾向。如第一〇四頁之圖表11所示，根據二〇一八年度的「學校基本調查」顯示，函授高中共有兩百五十二所。若和二〇〇〇年度的一百一十所學校比較，短短幾年內便增加了兩倍以上。此外，就學人數為十八萬六千五百八十人，與前一年度相比，亦足足增加四千零六十五人。另一方面，定時制[5]課程（本科）的學生與函授制相差十萬人，僅有八萬五千零九十五人；較去年亦減少了四千四百三十九人。

若就學校所數或學生人數來看的話，過去大家總以為定時制絕對比函授高中多出許多，但現在卻是主客易位，不可同日而語。

傳統的函授高中一般附屬於定時制公立高中，而且以歷史悠久的學校居多。然而，現在**函授高中卻以私立為主**，且如雨後春筍般成立。其比例如圖表12所示（見第一〇五頁），相對於公立的七十八所，私立竟高達一百七十四所。

函授高中之所以如此迅速成長，除了專收退學的高中生以外，也是不少國中生畢業後升學的選項之一。

在過去，學生大多是因為家庭經濟狀況的關係，而選擇念函授高中。根據一九八二年的統計，半工半讀或有固定工作的學生高達六七・八％。但這個比例卻逐年遞減，一九九四年度降為五三・六％，二〇一一年度更只有三五・四％（參考文科省二〇一一年度之「定時制與函授課程高等學校之現況」）。

---

4 又稱通信制高中，日本高中三大形式之一，國家承認學歷，亦可參加高考。以在家自學、或至學校學習中心學習為主；臺灣雖未設立函授高中，但亦有以在家自學或面授上課的函授學校，主打視訊學習、線上教學等多元學習方式。

5 指設有夜間部的高中，類似臺灣的夜校。有的學校為三部制（白天、下午、夜間），有的則為兩部制（白天、夜間）。就讀定時制的學生可一邊讀書一邊打工。

圖表11　定時制與函授制的學生人數

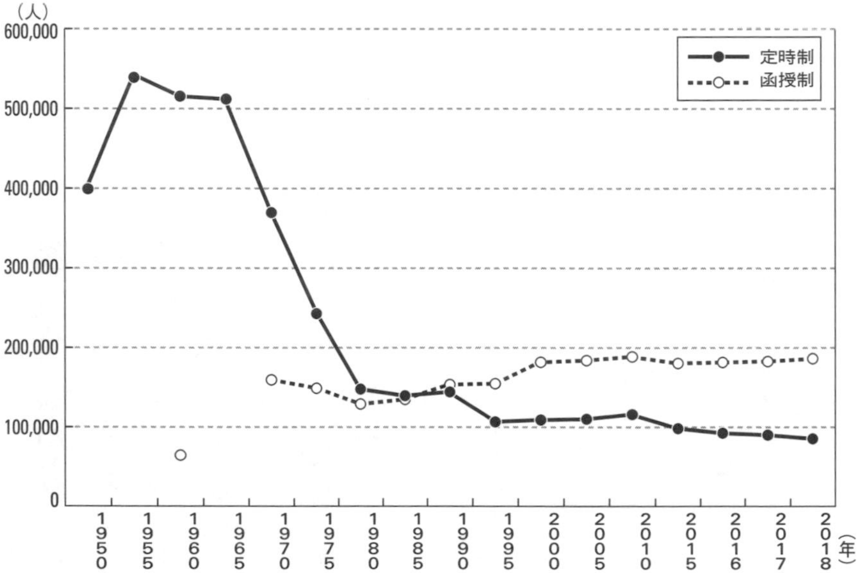

※資料來源：參照文科省 2018 年度「學校基本調查」編制而成。
※1970 年前之空白部分尚無相關數據。

此外，根據東京都之調查顯示，二〇一八年三月公立中學畢業生中，共有兩千三百五十四人報考函授高中。

其中，半工半讀者僅有十三人；但在前文提及的文科省調查（按：第一〇三頁）中，就讀函授高中的學生當中，一四．六％都有拒學的經驗。

總而言之，**函授高中**在過去是半工半讀的學生才會念的學校，**現在卻成為公私立中學的拒學學生報考高中的第一選項**（按：除了中輟生，拒學學

圖表12　函授高中之數目推移

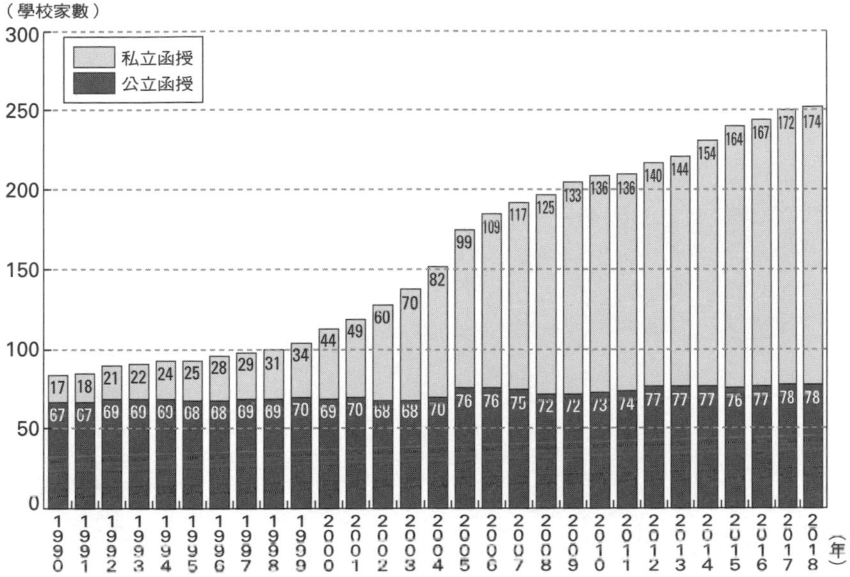

※資料來源：參照文部科學省「學校基本調查」編制而成。

生也增加的關係）。除此之外，也有一些學生是無法適應全天制高中，或者因為退學而轉入、就讀函授高中。

因此，函授高中的學生數逐年增加。根據「學校基本調查」的結果顯示，函授高中的學生人數約有十八萬人。

不過，這僅僅是學年開始的統計，若加上中途轉學或插班的話，絕對不只如此。

2. 函授課程不用每天到校，採學分制

函授制與定時制的最大差異，在於**上學的頻率**。定時制是為了半工半讀的學生所設立的學校制度（部分學校只有夜間部，部分學校同時設有日間部與夜間部）。相對於每天都要上課的定時制，**函授課程則無須每天到校上課**。函授高中的教學方式，以在家自學，或是到學校設置的學習中心、支援學校上課為主；只要按時提交作業報告、參與面授指導與考試，便可取得學分，並獲得同等效力的高中文憑。

相較於學年制（按：每年必須取得學分是固定的）的全日制學校，函授課程採用的是學分制。一般來說，全日制高中大部分採學年制[6]。根據日本的教育法規，必修科目至少修滿七十四個學分，始能取得高中文憑。若以一學分換算成五十分鐘的學習時數的話，上課次數須達三十五次（除以上課時數一小時）。換句話說，除去暑假等長期休假不算，至少得上滿一年才能拿到學分。而所謂學年制，就

圖表13　日本的全日制和函授制

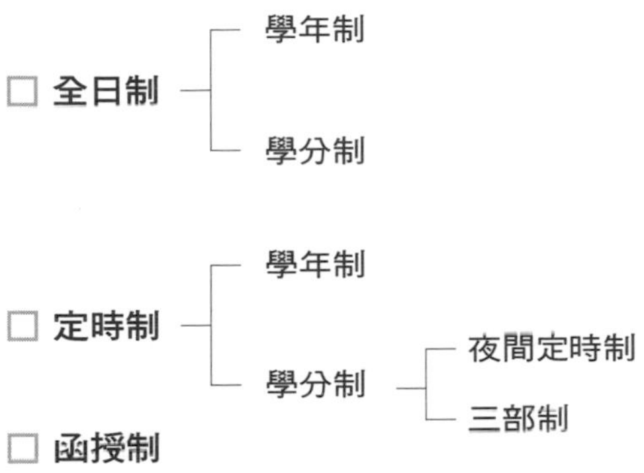

是讓學生在三年內取得七十四個學分。一年級如果修滿該有的學分，就能夠順利升上二年級。然而，一旦未達規定之學分，就只能留在原來的班級（留級）。

不過，學分制則不受學年限制，今年沒有修滿的學分，明年補齊即可。換句話說，學生無須留級，可以依自己的進度調整學習。

此外，對於轉學生的學分計算，幾乎所有的函授高中都可抵免前一所學校已修習的學分。

6 類似臺灣的普通高中或綜合高中；採用學分制的學校，如果同時也規定學生修業年限，便稱為學年學分制。

函授高中又分為「廣域型」與「窄域型」兩種。依學生的居住地，招收對象各有不同的規定。例如，廣域型學校開放全國，或三個以上都道府縣等[7]學生的申請；而窄域型僅接受鄰接縣市的學生。其中，窄域型以公立學校為主，附設於全天制公立高中。除此之外，雖然部分全日制私立學校也提供函授課程，但大多屬於限定招生對象。

另一方面，廣域型函授高中大多是僅提供函授課程的私立學校。除了總校以外，在學生居住的各個都道府縣均設有支援學校，以輔導學生繳交作業及報告。因為屬於支援性質，所以上課與否全憑學生的意願，有點類似補習班的型態。

不過，因為學生仍須定期至總校上課，學校會以合宿或特訓營的方式來進行授課。

7 日本行政區之劃分，俗稱「一都一道二府四十三縣」，分別為東京都、北海道、京都府、大阪府與其他四十三縣市。

3. 高中學力鑑定，求職時非常吃虧

除此之外，函授高中之所以是不少學生的升學首選，是因為修畢後即可取得高中文憑、報考大學。雖然高中學力鑑定考試也是方法之一，不過這項鑑定僅為報考大學的學歷證明，專為有志於就讀大學的學生所設，並不具高中文憑的效力。因此，即使考取高中學力鑑定，仍然無法取得高中文憑。

根據文科省的問卷調查顯示，因高中文憑而選擇函授高中的學生就占了四五・八%。實際上，這是由於只有國中畢業很難找到工作，因此才會有這麼多人認為至少要有高中文憑（按：於臺灣目前就業市場，大學文憑為基本門檻，僅有高中文憑相對就職困難）。

事實上，高中學力鑑定也曾出現考生吃虧的案例。例如，根據朝日新聞報導，秋田大學醫學院醫學系於二〇一一年的入學考試中，竟擅自將僅提供高中學力

鑑定證明的考生除名。當家長找學校理論，要求公開考試成績時，發現該名考生筆試分數極高，面試卻被評為零分。但該名考生的面試表現並非特別差，卻因為僅提供高中學力鑑定，而受到不公平待遇。

除此之外，在求職方面，高中學力鑑定也同樣較為吃虧。大部分的公司雖然表面上一視同仁，但對於高中學力鑑定與高中文憑，其實仍存有偏見或差別待遇（按：依臺灣教育部規定，學力鑑定考試證明書、結業證書、高中程度及格證明書、高中學歷證明書等，可以同等學力報考大學學士班；但在職場上仍以高中畢業證書較為有利）。

我教過的學生當中，就有不少人通過中心考試（按：日本大學入學制度的考試，每年一月下旬為期兩天）或高中學力鑑定，但在報考大學或求職面試時，經常被刁難，例如：「為什麼沒上高中呢？」或者「是不適應團體生活嗎？」之類的。這些學生反映：「我本來還蠻有自信的，被這麼一問就嚇到了。」

高中學力鑑定每年舉辦兩次，分別是八月與十一月。試程為期兩天，測試科目約八到十項。

圖表14　定時制與函授制課程之報考動機與理由

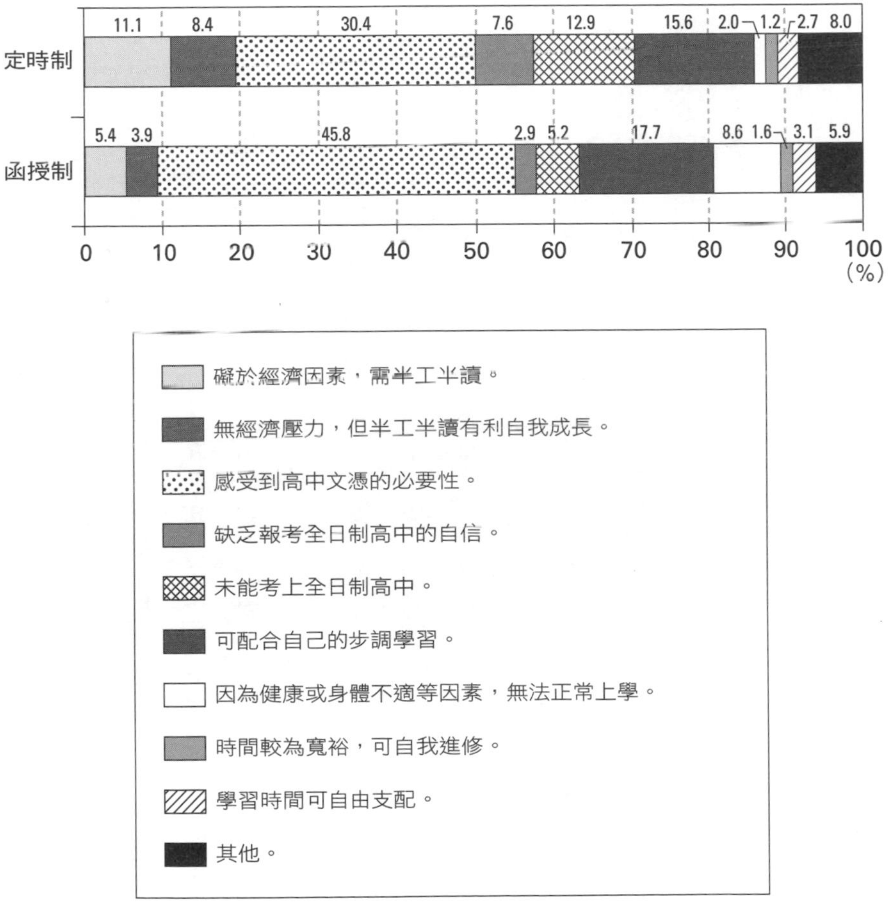

※資料來源：2011 年度文部科學省委託事業「定時制與函授制高等學校課程之調查與研究」（公益財團法人日本全國定時制與函授制高等學校教育振興會）。

高中學力鑑定的優點是方便省事，無須繁複手續就可報考大學或專科學校。然而，若以旁觀者的角度來看，這樣的做法不免稍嫌投機取巧。因為相較於透過鑑定便能輕鬆取得高中學力證明，那些認真花三年每天上課的學生，還是給人比較勤勉好學的印象。這也就是為何有不少人寧可捨棄高中學力鑑定測試，而選擇函授高中的原因。

再者，大眾對函授高中的印象也逐漸改變。例如，函授高中不再是拒學症學生的容身之所，反而是許多才華斐然的學子可以自由發揮的搖籃。之所以有如此大的轉變，都要歸功於角川多玩國學園（Kadokawa Dwango Educational Institute）營運的「N高等學校」。

這所於二〇一六年四月開設的廣域型學分制函授高中，不但將必修學分的學習時數壓縮至最少，更針對有心從事程式設計的學生，聘請該校頂級工程師親自指導，同時培養高中生自行創業的能力（按：十五歲至八十六歲均可入讀。學生可依自己的時間及生活習慣，在任何地方透過互聯網上課）。

該校自成立以來因話題不斷，引起媒體爭相報導。例如新生戴著虛擬實境

（Virtual Reality，簡稱ＶＲ）頭套參加入學典禮，或者二〇一八年榮獲花式滑冰總決賽（Grand Prix of Figure Skating Final）冠軍的紀平梨花選手，便就讀該校等。

二〇一九年四月，角川多玩國學園另外設立國中部。然而，礙於現行法律之規定，凡是隸屬義務教育的學童均不得接受函授課程。因此，報名這所函授中學的學生只能在放學後，才能來此上課。

4. 鼓勵孩子來學校，但不一定要上課

目前為止，我們已大致了解函授高中的現況，但實際上，函授制還有一個很重要的環節，那就是**支援學校**。所謂支援學校，是函授高中為了輔導學生，所設立的單位。表面上看來，學生即使沒有支援學校從旁輔導，也能獨立完成學校所要求的作業或報告。很多人也都以為，支援學校不過就是輔導學生寫報告的民間教育單位。確實，以行政區域劃分而言，支援學校與補習班無異。

然而，對於那些有過拒學，或因為功課落後的中輟生或中離生（按：中途離開學校的學生）而言，要獨自完成報告並非想像中簡單。這些學生連每天去學校報到都有困難，又要如何獨自訂定學習計畫，如期繳交報告呢？

對於因為退學而轉入函授高中的拒學學生而言，如果沒有人可以督促他們每天上學，便很容易再次拒學。而且，極有可能會再次將自己鎖在房間裡，斷絕與外界

的一切溝通。

事實上，相較於全日制高中〇．九％的退學率（退學人數兩萬九千五百五十八人），**定時制與函授制的退學率相對較高**，分別是九．四％（退學人數八千四百三十人），與四．九％（退學人數八千八百一十四人）（摘自二〇一七年度「學童之問題行為與拒學症等指導課題之調查」）。

這個時候，便是支援學校登場的時機。支援學校雖然沒有硬性規定學生每天報到（每週報到一到五天均可），但我仍建議學生盡可能每天走一趟。當然，對於那些不肯上學的學生而言，一開始就要他們每天上學實在太強人所難。不過，只要按部就班，就會逐漸養成習慣。因為，**矯正拒學症的關鍵**，就是「**每天上學**」。

就讀函授高中的學生，即使沒有每天到支援學校報到，也能如期畢業。然而，畢業以後不論是上大學或專科學校，甚或步入社會工作，都需要每天打卡報到。試想原本沒幾天肯踏出家門的學生，又如何能夠一下子適應職場的步調呢？

而全日制支援學校的意義就在於，提供學生一個天天報到的地方。並督促其改善生活習慣。**規律的生活習慣，是跳脫窩居家中的第一步，更是預防成為繭居族的**

關鍵所在。

例如前言中介紹的祐貴同學，就是每天來本協會報到以後，才逐漸跳脫繭居的困境。可惜的是，當他考取高中學力鑑定，無須本協會的輔導以後，便再次成為繭居族。其中詳情請參閱第六章介紹。總而言之，**可去之處極其重要**。

〔**臺灣拒學現況**〕

高中休、退學生，對課程沒興趣

依據教育部統計報告，高級中等學校（含高中與高職）學生的休學人數，一〇五學年為一萬七千一百三十九人，休學率也增加至二・二一％（見下頁圖表15）。

若以退學率來看，高級中等學校學生，九十八學年至一〇五學年的退學率從一・一五增加至一・八九％（見第一一八頁之圖表16）。

由此可知，高中因休學期滿而退學的學生人數最多，其次為自動退

圖表15　高級中等學校休學人數及休學率

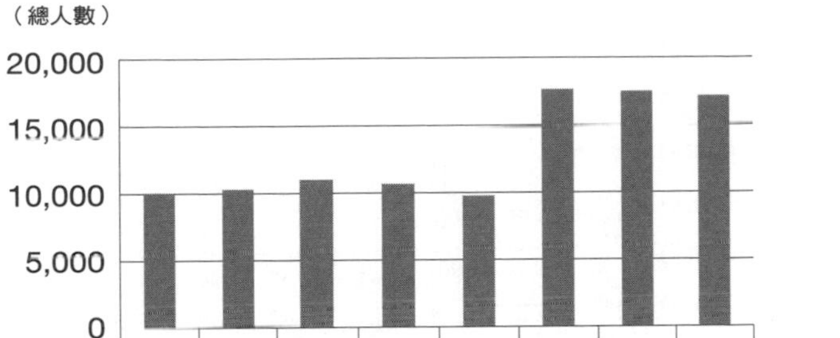

（學年）	98	99	100	101	102	103	104	105
■ 總人數	10,055	10,300	11,008	10,665	9,705	17,053	17,453	17,139
休學率	1.33	1.35	1.43	1.38	1.30	2.16	2.20	2.21

※休學率：各學制各學期休學人數／該學制應在學人數（人數扣除延修生，但含外加生〔含身心障礙及原住民學生〕）。

學；而在調查高中生休、退學原因結果，以「志趣不合」、「對課程沒興趣」休學人數最多。

這凸顯學校所提供的課程、就業轉介輔導、職業性向探索等對應方案並未有效；其次為其他因素，再者為出國讀書。

但並非所有休、退學生都是因負面因素離開學校，部分學生也可能因經濟因素需要工作，而辦理休退學。

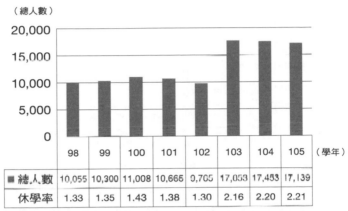

圖表16　高級中等學校退學人數及退學率

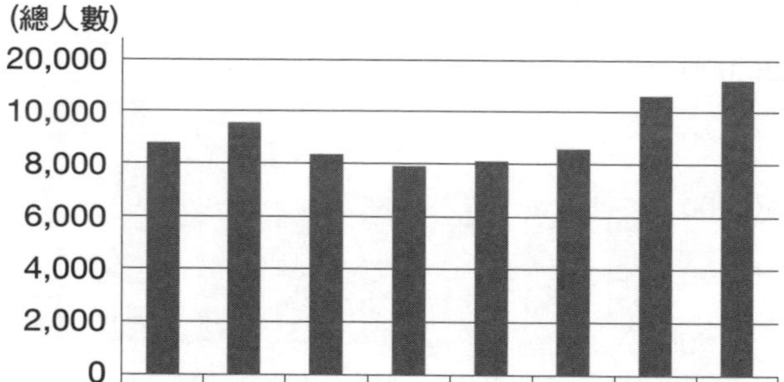

	98	99	100	101	102	103	104	105 (學年)
■ 總人數	8,710	9,462	8,290	7,855	8,050	8,515	10,508	11,092
退學率	1.15	1.24	1.08	1.02	1.07	1.36	1.67	1.89

※退學率＝退學人數÷該學年學生人數×100%。
※資料來源：教育部。

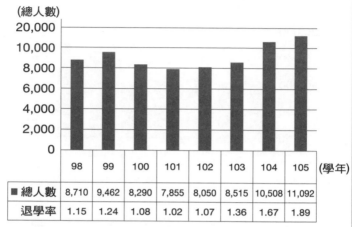

5. 這是一場耗時又費力的拉鋸戰

隨著支援學校的需求漸增，不少補習班也開始接手一些支援學校的業務。這是由於地方政府的課後輔導班無須花錢（按：臺灣教育部針對國中、高中所設立的課後輔導班，相關說明請參第一二三頁），日本人力資源服務巨頭瑞可利（Recruit）所開發的線上學習（Study Supply，透過智慧型手機進行視訊教學，或考試題庫練習等）又廣受學生付費使用，使得補習班面臨招生危機。因此，不得不另尋出路，於是紛紛加入支援學校的行列（按：因少子化衝擊，臺灣補習班亦面臨招生不足的危機）。

但話說回來，支援學校各有各的宣傳噱頭，還真讓人不知從何選起。事實上，依文科省規定，**支援學校均須配置一位以上具有教學資格的老師**，各位不妨以此作為參考標準。

也有部分不肖業者，之所以兼營支援學校的加盟事業，是為了貼補業績虧損。說到底，補習班對拒學或繭居的學生幾乎毫無助益。因為勸誘拒學症或繭居兒到支援學校上課，本來就是非常耗時費事的拉鋸戰。

若以成本來考量，支援學校還真是一門不划算的生意。因為窩居家中的孩子，往往需要老師或社工不厭其煩的居中協調，才有可能重新站起來。最重要的是，人與人之間需要建立互信。而這也正是家長最需要的一環，其中過程之艱辛，實在不足為外人道。

例如我創辦的高畢生支援會，便兼設支援學校。社工們為了讓學生每天報到，簡直絞盡腦汁、出盡百寶。

首先，社工一大早會透過 LINE，催促學生上學。不過，每位學生的情況也不盡相同。有些人剛剛脫離繭居、有些人則是不肯上學，也有些人就是無法準時報到。因此，我們必須配合學生的狀況，不斷調整方法與頻率來督促，有時甚至得無所不用其極。

如果連 LINE 都無法奏效的話，我們會直接打電話來個 Morning Call，直到他們完全清醒為止。此外，為了預防學生掛上電話以後，跑去睡回籠覺，我們也會透過視訊畫面，細心觀察其梳洗狀況，再三確定學生已出門，才放心結束通話。由此可見，要讓這些孩子來支援學校上課，是多麼耗費心力的工程。有些學生鬧鐘轟天雷也叫不醒，我們甚至會採取緊迫盯人的戰術。

如此不厭其煩，**想方設法的誘導拒學症的學生願意去課堂報到**，才是支援學校的意義所在。

另外，本協會為非營利機構（Nonprofit Organization，簡稱NPO），向來根據當事人的狀況提供客觀建議，包括重考、轉學與插班的缺額考試，或是取得高中學力鑑定，也可以透過函授高中取得高中學歷等。因此，我們受理諮詢時的第一步驟，就是與家長討論當務之急以及最佳對策。

令人遺憾的是，如同本協會堅守中立的諮詢機關少之又少。只要家長考慮函授高中，大多是順水推舟的敲邊鼓。另一方面，即使家長向教育委員會（按：相當於臺灣的地方政府教育局）尋求協助，亦只有建議報考高中，甚或轉學或插班（以東京都為例）。

換句話說，這些諮詢機關建議的學校（轉學或插班）非常有限。有鑑於此，一旦子女出現拒學、退學或繭居等症狀時，最好還是尋求中立機關的建議，以探討更多的可能性。

其實，**拒學症或繭居兒的症狀本來就因人而異，沒有絕對的治療良方**。雖然我提倡的三大步驟：①培養規律生活，②建立自律與自信，③貢獻一己之力，回饋社，這些是固定的流程步驟，但如果只限定於特定型態的學校或方法，最後終將功虧一簣。

其實，函授制高中、定時制高中、高中學力鑑定、海外留學、就業或打工等，不過都是人生的選項之一。重要的是，幫助**孩子找到自己的人生目標**，並全方位的幫助他們重拾人生、踏實生活。

除了本協會以外，其他像是子女就讀的學校、拒學症或繭居兒父母之友會，或心理諮詢師等，也都是立場比較中立的諮詢對象。

〔臺灣拒學現況〕

課後輔導班之爭議

根據教育部之規定，課後輔導課程以自由參加為原則。上課內容必須以複習為主，不能上新進度。上課時間亦不超過下午五點半，且不得於週末或節日辦理。費用方面，除了中低收入戶學生免繳費之外，家長必須另外付費。

雖然開設輔導課之初衷，是為了家長開的，因為雙薪家庭下班至少都要五點半以後，但對許多老師及學生來說，多半認為第八節是一門正課。再者，老師和學生對於新進度的認知差異，也是爭議來源之一。此外，也有不少家長因擔心孩子跟不上進度，而不敢不讓孩子參加學校的課後輔導班。

6. 多和孩子聊興趣，不要談未來

除了支援學校以外，其實透過家長團體，讓同為子女煩惱的家長，互相交流意見也極其重要。本協會基於此理念，每月定期舉辦一次家長懇談會（並非所有支援學校均有此例）。

家長懇談會不侷限於本協會的學員，凡是家中有拒學症或繭居兒的家長均可參加。我們希望社工可以進一步了解學生與家長的相處狀況，以提供更合適的建議與對策。

在每個月的懇談中，我們也可以即時掌握家長的想法、與子女的相處模式或孩子的狀況等。當家長詢問：「我兒子最近變得如何如何，該怎麼辦才好？」時，社工就能立即回答。

圖表17　教育機構應對圖

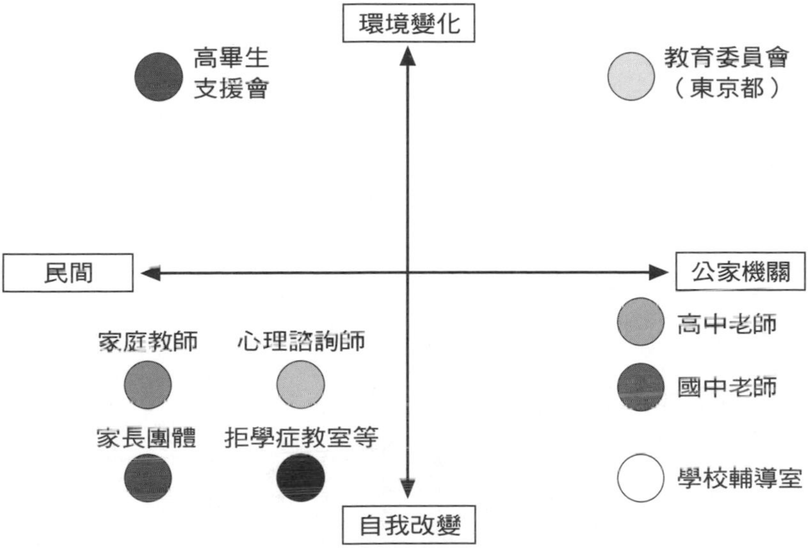

當社工了解家長的想法以後，便能夠針對狀況，研擬可行的因應方法。若只是推薦幾本教育相關的書籍讓家長照著做，是很難有效果的。社工只有與家長開誠布公，才能一起找出最有效的對策。事實上，未成年的孩子比我們想像中來的脆弱，更何況是窩居家中的孩子。因此，拯救繭居兒更需要配合孩子的狀況，採取相對的因應對策。

本協會舉辦的家長團

體，也提供小組討論的時間。透過家長之間的交流，常常讓社工有意外的收穫。

例如，談到用餐話題時，某位媽媽說：「我兒子怎樣就是不肯吃飯，後來我都懶得煮了。」索性買些麵包放在桌子上，讓兒子想吃就吃。

我們聽了以後，感到相當驚訝。因為孩子如果不好好吃飯，身體狀況當然一日不如一日。隨著肌肉量的減少，也會越來越瘦弱。長久下來，更沒有體力去學校上學。因此，我們建議她，不管孩子吃不吃，每天都一定要準備好正餐給孩子吃。所幸，這孩子後來漸漸肯吃飯了，也開始去學校報到。

家長團體的設立初衷，雖說以解決學生的問題為出發點，但實際上也是**為了家長**。因為，眼睜睜看著自己的心肝寶貝不肯上學或整天窩居家中，卻束手無策，世上沒有比這更令人心痛的事了，更何況有些家長根本沒有宣洩的管道。

但是，在這裡，家長們因為有同樣的煩惱，所以比較能敞開心胸，同時也能了解到並非只有自己這樣，因而鼓起勇氣說出煩惱。

除此之外，藉由其他人經驗的吸取，也能了解如何幫助孩子克服問題，恢復校園生活。特別是那些經過大風大浪的繭居案例，由其他家長口中娓娓道來，對於面臨孩子繭居卻束手無措的家長來說，宛如一劑強心針。

家長團體有時也會邀請本協會的實習生出席，分享親身經驗，為其他家長提供更多參考，並藉此加強家長的信心，期盼自己的孩子也有重新來過的一天。

此外，透過家長間的交流，也有助於父母重新審視親子間的相處模式。因為**幫助孩子脫離繭居困境的首要關鍵，就是從父母做起**。

這個交流機會不僅讓社工受益良多，同時也能增進與家長的互信關係。因為拉孩子一把，將他引導至正途，最需要的是家長的充分信任，而非一般的諮詢關係。這就好比雙方手拉手，同心協力將孩子從無底深淵拉拔出來，家長與社工必須合作無間，才能幫助孩子度過難關。

例如我們經常提醒家長，不要對孩子嘮叨出路的問題。只要不是觸及出路，其他像是**個人興趣或電視節目**等，都是很好的聊天話題。切記，**唯一的禁忌，就是不將出路的話題掛在嘴上**。

家長擔心孩子的未來本是天經地義，要求他們閉口不談，全權委由本協會處理，若沒有充分的信賴，其實是不可能做到的。因此，我們更要以客觀的立場，開誠布公的陪同孩子，才能了解出孩子的真正想法與人生夢想。

對於孩子而言，只要不是自己心甘情願，而是在家長威逼下的選擇，就沒有意義。這些出路因為來自父母的一廂情願，孩子當然提不起幹勁，而且一旦遇到任何不順或挫折，往往會將一切推給父母，例如：「我根本就不想讀大學，當初都是你們逼我的。」

換言之，**家長越是干涉子女的將來，子女就越無法養成自律的習慣**。

由上述說明可知，就各個層面而言，家長團體有其必要性。家長在選擇支援學校時，不妨觀察是否有可以建立雙方互信的交流機會。

第四章

改變不了孩子，就從改變自己開始

1. 鼓勵爸爸多和孩子相處

第三章介紹的函授高中，因為兼具改善生活習慣的功效，成為不少拒學症與繭居兒的升學選項。不過話說回來，孩子之所以不肯上學或者窩在家中，絕非一時三刻的突發狀況，必定有其前因後果。根據我多年經驗，凡是出現拒學或繭居的學童，大多**與年幼時家中的管教有關**。

例如本書開頭提及的兩起殺傷案，若追根溯源其實源自於父母或監護人，對於孩子的管教失當所致。

本章節讓我們進一步探討，父母該如何與子女相處、如何管教，才能幫助孩子脫離拒學症或繭居的困境。除此之外，我也希望藉此為現代父母提供更多參考，防範於未然，杜絕孩子從拒學症步入繭居族的後路。

每當家長向我請教如何幫助子女脫離拒學或繭居困境時，我的第一個回答就是，**改變親子之間的相處模式**。我個人以為，父母的管教及陪伴，對脫離繭居有十分關鍵的影響。

具體而言，親子的相處至少需注意到以下三點。

①孩子拒學，不應只關媽媽的事。
②別設條件、別老說「我是為你好」。
③孩子擺爛，是因為你有求必應。

2. 孩子拒學，不應只關媽媽的事

家長管教子女，最重要的莫過於用心對待。一般來說，前來諮詢的家長以母親居多。遇到這種情況，我總是再三叮嚀：「下次務必請爸爸一起來。」因為，**父親的出席與否，顯現了家長的關心程度**。做父親的如果連露個面都不肯的話，整個家庭又要如何幫助子女從拒學或窩居家中的深淵中，重拾人生？

如同我前面說過的，拒學症與繭居兒的共同特徵，就是父親大多是高學歷的社會精英。如果總是以工作繁忙為由，把管教的責任全推給母親，當然也就不可能拯救子女。換言之，唯有用心對待，才有可能讓子女脫胎換骨。

在我接觸過的個案中，有許多人的父親是大學教授，他們平常接觸的學生不論是理解力或判斷力都有一定的水準，因此，只要端出教授的架子，事情大多能順利解決。可惜的是，這種四平八穩的態度，卻不適用於拒學症或繭居兒身上。於是，這些父親在家長懇談會上，總是不願意面對事實，一派事不關己的說：「我兒子的現況就是如此」之類的。

這些孩子因為長期拒學或窩居家中，當然無法冷靜判斷自己該怎麼辦。所以，如果沒有父母為他們設身處地的提點，與從旁督促，便可能一輩子躲在家中。

除此之外，家長與能否同心協力也極其重要。如果說這是最難跨越的門檻也不為過。因為大多數父母對子女教育不同調，甚至是南轅北轍。如此一來，當然也就無法將子女拉回正常的人生軌道。

本協會就不乏一些個案因為父親外派工作等關係，一切諮詢與大小事只能靠母親與社工決定。但在諮詢效果尚未顯現以前，做父親的卻病急亂投醫，或者參考教育書籍之類的，擅自更改做法或方針。

事實上，拒學症或繭居兒的對策因人而異，某些專家甚至主張放任不管、無為而治。然而，我對於這種見解卻十分不以為然。因為，拒學症或繭居兒的重點，就在於早期發現、早期治療，又怎能放任而為呢？

接下來，就讓我們以龍馬的案例，來探討父親的努力與參與之重要性。

〔龍馬〕父親的干涉，有時也是助力

二十歲，就讀某所大學。國中三年與高一的前兩個月，曾經兩度拒學與窩居家中。

龍馬的家教極嚴，他甚至詛咒過父親早死早好。小學畢業以後，他被家人逼著考上一所校規嚴謹的完全中學。每天在師長「考不上大學，就一輩子庸庸碌碌」的叨念下，四月剛上國中的他，一到了五月就不肯上學。他母親因曾心急如焚，到處向心理諮詢師或教育機關尋求協助，得到的建議卻大多是靜待其變。他父親雖然不以為然，但每當太太反駁：「專家說父親最好不要干涉」，也只能束手旁觀。

後來，為了拉龍馬一把，父母安排他就讀一所住宿型高中。不料到了寒假，他又將自己鎖在房間裡。甚至製作障礙物，讓家人不得隨意進出。連母親上前關心時，也遭到暴力相向。

直到這個時候，龍馬的父母才下定決心來本協會諮詢。當我們要求父親務必親力親為的時候，讓人感動的是這位父親當真說到做到。幾天後，他父親趁著龍馬上廁所的空隙，強行將兒子從樓上拉下，並壓上車帶到本協會接受諮詢。當時，他父親嚴厲的逼問：「你到底想怎麼樣？去高畢生支援會，還是滾出去靠自己？」龍馬回想起來：「那時我老爸可嚇人了……我當時想如果不聽話的話，就只能出外打工，所以最後還是選擇乖乖上學。我常想，如果不是被老爸痛罵一頓，現在我應該還窩在家中，不肯外出呢！」

後來，在討論未來出路時，他父親也是不假辭色的說：「你的人生你自己決定。不想上大學的話，就給我出去工作。」當龍馬表明重考的意願，父親便順勢說：「你能這麼想非常好，但一天至少得讀上個十六個小時喔。」於是，龍馬在父親的激勵下，終於考上一所知名私立大學。

3. 別設條件、別老說「我是為你好」

其次，是沒有任何前提，不求回饋的親情。在拒學症或繭居兒中，不少問題來自於**家長的權威教育**。對於這些家庭而言，上大學是人生的必經之路，所以孩子從小便被灌輸考取明星國中或高中的觀念，小小年紀就得上才藝班或補習班，為報考私立中學而埋首苦讀。名列前矛就誇獎、成績不錯也誇獎、金榜題名更是捧上天。

然而，孩子從小在這種氛圍下，反而壓力極大，整天擔心如果不夠用功，成績不夠理想，或考不上一所好學校就得不到父母的誇獎、認同或歡心。因此，為人父母者最重要的是，不管子女成績的好壞，考不考得上明星學校，都應該無條件的全盤接受孩子的好壞優劣。

此外，不少父母以「這是為你好」，逼迫孩子考上一所好大學，或在大公司上班。然而，事實當真如此嗎？或許這**不過是父母的私心**，**將子女當成一種裝飾品**，成就自己未能完成的夢想。孩子的人生需要他們自己開創，做家長的責任不過是給予支持與默默守候而已。

事實上，因為子女窩居家中而來本協會諮詢的個案中，父親大多是醫師或大學教授等社會精英。其中，不乏東京或京都大學等一流學府的高材生。據這些父親所言，他們以前就讀的高中雖然也是一般的公立學校，卻能順利考上日本數一數二的國公立或私立大學。然而，他們卻不肯給孩子彈性學習的空間，反而強迫他們非報考明星國中不可。老實說，這讓我十分驚訝，難道這些父母以為子女是自己人生的延長嗎？誰規定有個狀元父親，孩子就得中進士？子女可不是父母的所有物，而是擁有獨立人格的生命個體。

我也曾碰過丈夫出身一流學府的個案，來找我諮詢的母親說：「我先生他們家代代都是東大畢業的，我一直擔心兒子無法繼承這個傳統。所以，從小就讓他上補習班。因為，如果他考不上東大的話，公公婆婆一定會說兒子就是像我，還會怪我教導無方。所以，我跟兒子一直覺得壓力很大，深怕讓他們失望。」丈夫的高學歷竟然成為妻子的壓力來源。

出路關乎一生，當然該由孩子自己慎重選擇。若走父母安排好的路，孩子一旦遇到不順或挫折，就會將責任全歸咎於父母。

其實這也不難理解，因為這些選擇並非出自孩子的意願。唯有讓他們自己想清楚，決定走哪一條路以後，才會懂得努力與奮發向上。然而，令人遺憾的是，不論我如何苦口婆心，有些家長就是聽不進去，彷彿上大學才是唯一的出路。說服的過程極其不易，甚至得花上兩三年。殊不知這種事事干涉的態度，正是阻礙孩子培養自律的絆腳石。接下來，讓我們分享敦也的案例。

家族高學歷，是拒學壓力來源

說起來，敦也的家族算是書香滿門。不僅曾祖父與祖父是東京大學出身，父親也畢業於舊制帝國大學的一流學府。所以，他自小便被家人灌輸非名門大學不念的觀念。舉凡書法、鋼琴、英語、足球、空手道、游泳或體操等，小小年紀的他上遍大大小小的才藝班。國小四年級起開始補習，沒日沒夜的苦讀；考完中學，繼續考高中。在他的印象裡，甚至沒有與父親一起玩的記憶。連他在報考高中的時候，父親也只是淡淡的撂下一句：「偏差值七十以下的高中，你就看著辦。」

後來，他雖然成功考上一所明星高中，卻遲遲無法融入校園生活，對念書怎樣就是提不起勁。於是，三天兩頭的向學校請假。高一第一個學期讀不到一半，他便曠課了一整個月。後來，母親只好帶他來本協會諮詢。當時我們建議他轉讀函授高中，卻遭到母親堅決反對：「不行，絕對不能念函授高中。」

母親也曾逼他報考其他都立高中的轉學考試。不過，敦也仍極力反抗，死也不肯就範。最後，他決定透過函授高中，為報考大學奮發圖強。然而，事情即使演變至此，他父親依然固執，甚至恐嚇：「如果考不上名門大學，你自己看著辦吧！」

話說回來，社工透過懇談，發現敦也真正的興趣是服裝設計。自從他在電視上看到國際服裝設計師山本耀司的報導，便開始對女裝產生興趣。加上他原本就喜歡繪畫與攝影，而且穿著打扮也頗有品味。於是，社工便建議有心走這一行的話，不妨找間以服裝設計聞名的大學就讀。後來，敦也便埋首苦讀，希望考上自己心目中的大學。他母親被兒子的心意感動，開始為他加油打氣。只可惜父親仍然對學歷很堅持，甚至要求父子分居。他父親的這種做法，反而抹煞孩子養成自律的機會。

後來，敦也冷靜的分析：「其實我父親是因為自己上不了東京大學，才將他的遺憾寄託到我身上，可是我也有我自己的人生啊。」

無謂的堅持，例如學歷

接下來，我們來看一樹的案例。

一樹在考上明星高中以後，因為功課不佳而主動退學。家長來本協會諮詢的時候，也曾因為對學歷很堅持，險些讓一樹無法重新站起。

他父親是東京大學出身的社會精英，母親也畢業於知名私立大學。不論父母親，都堅持孩子一定得上全日制高中、考上一流大學。當時，我們耐心的分析，以他兒子目前的狀況，要參加轉學考試難度很高，接著說明函授高中的優點。好在，當一樹的爸媽理解現實層面的難處以後，終於同意兒子念函授高中。

一樹當初之所以退學，就是討厭那種為了升學必須日夜苦讀的日子。即使去了函授高中，仍然被逼念書的話，那他必定無法承受同樣的壓力。於是，我們便苦口婆心勸說家長，讓一樹選擇他真正想走的道路，而不是以報考大學為前提。當時，一樹才剛上高一。家長表面上雖然答應了，其實內心另有盤算：卻想著時間還早，總有讓他回心轉意的一天。

一樹在就讀函授高中的時候，開始出外打工。他的認真努力得到主管的賞識，而被擢升為小組長，公司甚至有意在他畢業後續聘。而一樹本人也透過打工，體驗到工作的樂趣，因此知道比起念書，他更喜歡在職場工作。尋尋覓覓以後，他決定參加公務員考試，在公家機關為民服務。

在親師與子女的三方懇談中，我經常拜託一樹的父母務必尊重孩子的意願。當時，他母親應允：「老師您放心，我們知道。」然而一回到家中，母親卻對一樹撂下狠話：「你最好老實一點，你敢不考大學的話，就給我試看看。」

一樹升上高二以後，他母親仍然每天逼問：「你還是不肯上大學嗎？」同時洗腦的說：「大學本來就是要用功才考得上的啊！你跟著大家做就對了。」不過，一樹本人卻不為所動。母親逼他背英文單字，他也就是做做樣子，根本沒記在腦子裡。連帶他去逛大學祭（按：類似校慶）的校園活動，也興致缺缺。

當我們回饋一樹的學習狀況，與對功課的心不在焉時，說：「你們一定要他報考大學的話，就只能逼他在補習班苦讀，但您覺得一樹會乖乖聽話嗎？還是您覺得只要是大學都好，即使野雞大學[8]也無所謂？」他母親回說，那種不入流的大學當然不行，至少也得是中等以上的學校。

此時，母親的信念開始有些動搖，她似乎也說不清自己在堅持些什麼。我們接著勸說，依目前每二十名大學生，就有一名申請退學或休學的比例來看，即使上了大學也不保證可以順利畢業。一樹雖然讀書方面不在行，可是卻已有工作經驗，為何不能放手，讓孩子發揮所長呢？

後來，多虧一樹細心查詢成為公務員的管道，才終於成功說服父母放下成見。高中學歷的公務員考試，競爭者大多是高中生，因此就課業成績而言，反而較為有利。相反的，如果一開始就鎖定大學畢業生的公務員考試，就必須與一流學府的高材生一拚高下，那可是難上加難。

另外，高中畢業生一旦進入公家機關，因為在職年數較長，總體說來，收入並不比大專院校生遜色。年收入甚至比在中小企業上班的大學生高出許多。經過我們如此剖析以後，一樹的父母總算點頭同意，全心全力當孩子的後盾。

做家長的，如果像一樹的父母一昧的固守成見，只會斷送子女重拾人生的機會。唯有全力支持並給予充分信任，讓他們走自己選擇的道路，才能幫助孩子浴火重生。

學歷成見的反思

敦也和一樹都是因為家長對學歷過於堅持，凡事以偏差值作為標準，導致子女身心出現問題的最佳案例。

他們雖然有自己的想法，可是做家長的卻將自己的價值觀加諸於孩子身上，導致親子之間產生隔閡。一開始，孩子往往不肯就範，當他們知道無論如何反抗，都

8　又稱虛假大學，指部分學或學院的文憑並不獲部分僱主、國家教育主管部門或一般大學所承認。

是白費工夫以後，便拒絕再與父母對話。於是，每日過著行屍走肉般的生活，開始不肯上學，甚至將自己鎖在房間裡，不願與外界接觸。

學生如果能理解自己為什麼讀書，與為什麼必須讀書，便能心無旁騖於課業上。因此，家長首先應讓孩子了解讀書的目的。可惜一遇到這種時候，父母總是火冒三丈，一味逼著子女就範。其實這也是可以理解的。只要是和孩子有關的事，父母都會變得格外嘮叨。因此，當**親子間劍拔弩張時，最好有旁人從中斡旋**。

本協會的三方懇談，即是透過社工作為仲介，協助家長與子女討論今後的出路。但，常常說著說著，父母與孩子就會開始動氣，甚至演出全武行。此時，社工大多站在孩子的立場，耐心勸導家長同理孩子的選擇。我們唯有努力博得孩子的信任，才能幫助他們重回人生的軌道。

話說回來，何謂不求回報的親情？指的是不論大小事，只要孩子想清楚當下的決定，當父母的都會全力支持的態度。換句話說，就是全盤接受，認可孩子的一切。特別是涉及出路的問題，更應該尊重孩子的意見與想法，無怨無悔的做孩子的強力後盾。

以下列舉祐貴的案例，讓各位了解父母屏棄學歷迷思的重要性。

〔祐貴〕別讓學歷扼殺孩子的可能

十八歲。高一起開始拒學，旋即申請退學。通過高中學力鑑定以後，在本協會實習，後來受聘為正式社工。

祐貴自小成績優異，一路從公立小學、公立中學，讀到偏差值頗高的國立明星高中。小學六年加上中學三年，每天相處的都是再熟悉不過的同學。但上了高中以後，他卻無法適應新的人際關係，總是獨來獨往。高一放完暑假以後，他就不太肯上學。後來，他跟社工說：「我只要一去學校，就渾身不自在，總覺得大家都用異樣眼光看我，盯著我瞧。我覺得大家都在背後說我壞話。」九月卜旬以後，他就窩在房裡，再也不肯上學。

母親跟社工訴苦：「我老公知道以後大發雷霆，直說怎麼會養出這麼一個廢物，都是我平常慣壞的。我們是不是應該給祐貴再多一點空間？」

母親也曾帶祐貴前往醫院看診，醫師研判他有自殺的傾向，於是安排他住進精神科病房接受治療。他在醫院待了一個月以後，便回家休養，但也因為高一的出席天數不足，祐貴只能留級重讀。第二年的四月，他從高一讀起，可惜上課不到五天又故態復萌，不肯上學。及至六月，仍然辦理退學手續。

他母親後來說：「剛開始我也覺得為了孩子的將來，無論如何也要逼他完成高中學業，考上大學才對。後來，他的狀況越來越糟糕，我才想，孩子的人生還是要讓他自己決定。想讀書的話，可以找其他進修的地方；想就業的話，就去找一份工作，即使打工也無所謂。」

其實，祐貴也考慮過函授高中，不過因為學費負擔過重而放棄。後來，他決定參加高中學力鑑定考試。之後，他在本協會實習，因為表現優異，而被擢升為正職員工。他母親說：「當他說想去外面找一份工作的時候，我沒多想就舉雙手贊成。因為我唯一能做的是，在他為自己決定未來時默默守候。」

還好母親後來放棄對學歷與職稱的成見，才幫助祐貴開創出一條自立的活路。

4. 孩子擺爛，是因為你有求必應

最後一個重要的管教方式，就是別對孩子有求必應。身為家長就該有家長的威嚴，教導子女何為規矩、禮儀與生活習慣，同時要求他們遵守。

例如，早上主動跟父母說「早安」，是親子之間再自然不過的對話。如果**連基本禮儀都沒有**的話，這種家庭環境下教育出來的孩子，就極有可能是**繭居兒的潛在族群**。根據我長年來的輔導經驗，大多數的繭居兒不是不跟家裡打招呼，就是好幾個月都不說話，和父母形同陌路。

這種放任孩子忽視日常禮儀的態度，正是繭居兒的溫床。因為問候與生活禮儀是人與人之間最基本的溝通管道，怎麼可以因為是家人就輕忽怠慢呢？

相信以下的場景各位讀者並不陌生。例如全家外出聚餐，祖父、祖母、父親、母親與孩子坐下以後，孫子輩立刻拿出電動遊戲猛打，完全沒有顧慮到祖父母大老遠來跟大家吃一頓飯的心情，而且也不會不好意思。一般說來，好不容易跟祖父母吃個飯，應該有不少話題。即便無話可說，將祖父母晾在一旁，一直打電動也是很沒有禮貌的。

最不可思議的是，**孩子的父母往往對此視而不見**。那麼，孩子在如此欠缺管教的環境下成長，動輒不肯上學也就不足為奇。

除此之外，培養孩子良好的生活習慣也極其重要。例如早睡早起、每天刷牙洗澡、打掃房間等基本作息。因為繭居兒常常將房間搞得像垃圾堆一樣，連走動都有困難。遇到這種情況，我都會請社工先幫他們將房間清理乾淨。

其實，大多數窩居家中的孩子，不要說打掃房間，連個人的清潔衛生都做不到，不肯洗澡、懶得刷牙是常有的事。但如果，在社工的諄諄勸誘下，他們願意卸下心防並且踏出家門以後，就會開始注意到自己的蓬頭垢面。無須家人三催四請，他們也會將自己的外表打理乾淨。

然而，一旦壞習慣養成以後，即使父母日後再如何叮嚀注意日常問候、禮貌或生活習慣，也絕非三天兩頭就能矯正回來。

子女之所以成為繭居兒，其實源自於父母的放任，以及對孩子的日常問候、基本禮儀或生活習慣，睜一隻眼閉一隻眼的緣故。這些習性絕非突然發生，而是自小養成的結果。特別是有些父親太好說話，總是拉不下臉教訓孩子。身為旁觀者，我在諮詢中都感受到父親的溺愛。然而，身為父母必須堅守立場，該展現威嚴的時候，絕不能對孩子假以辭色。

其中，最糟糕的莫過於對孩子予取予求。我還看過有家長讓孩子隨心所欲的花錢，每個月零用錢竟高達三十萬日圓（按：全書日圓以臺灣銀行九月公告之均價〇．二七元計算，約新臺幣八萬一千元）。後來，該個案的母親因為寶貝兒子每天不是窩在家裡看動畫，就是打電動，而前來找我諮詢。

據了解，她每個月都要去一趟池袋的動漫專賣店（專售遊戲或動漫商品），幫兒子買一大堆他想要的公仔，而且一買就是三十幾萬日圓。她的寶貝兒子整天躲在房裡看動畫、打遊戲，想要什麼，爸媽就給什麼。試想，世上還有比家裡更無憂無慮的地方嗎？

我雖然曾要求母親不可予取予求，但她始終狠不下心。後來，這對母子再也沒來接受輔導。雖然不知道後續發展如何，不過可想而知，因為母親的溺愛，很可能讓孩子就此錯失重生的良機。

總而言之，只要父母缺乏破釜沉舟的決心，那麼子女就不可能步上正常的人生軌道。

如同前言提到的，那位前農林水產省常務次長所犯下的人倫悲劇。根據新聞報導，他兒子無所事事，每個月卡費卻高達三十幾萬日元。其實，這種放任的態度，正是養成子女繭居的問題所在。

總而言之，對於這些繭居族而言，因為凡事有父母頂著，所以一直是茶來伸手、飯來張口。以前的家庭若遇上孩子在家裡蹲，父母都會破口大罵：「不想上學？那就給我去外面找工作！」然而，現代家庭的富庶讓不少年輕人無須工作，日子照樣可以舒舒服服的過下去。於是，這些子女不僅缺乏危機意識，更不知何謂為五斗米折腰。

特別是國中畢業的繭居兒，最受家長寵溺。這些孩子整天窩在家裡，無須外出打工，仍有零用錢可拿。不少母親習慣出門上班前，在桌上放一張千圓日鈔，讓孩子自己解決午餐。

換句話說，這些孩子不用付出任何勞力，每個月就進帳三萬日圓（按：約新臺幣八千一百元）。甚至孩子只要出一張嘴，父母就幫孩子備妥。但其實，這種做法根本是本末倒置。因為，只有孩子欠缺經濟來源，他們才會知道世上沒有白吃的午餐，凡事必須靠自己努力。而這種自食其力的動機，正是促使繭居兒踏出家門的絕好機會。

除此之外，有些家庭完全沒有長幼尊卑的觀念，爸媽和孩子像朋友一樣嘻笑打鬧，也是問題之一。事實上，這種相處模式仍值得商榷。因為，在親子感情融洽的時候，當然沒有太大的問題；一旦鬧得不愉快，做家長的又要如何管教孩子呢？此時，以下為大家介紹辛泰的案例來說明。

和孩子像朋友，反而難管教

幸泰國中畢業以後，順利考上某所大學附中，高二起因抗拒上學而退學。之後，申請函授高中，為報考醫學院而埋首苦讀。

幸泰跟父親感情極好，從小就時常一起玩電動遊戲。但也因為如此，父親欠缺身為家長應有的威嚴。雖然幸泰不聽話的時候，父親也會氣得打人，但幸泰卻絲毫不怕，偶爾還會還手。在他還人小氣弱的時候，打也打不贏父親，最後總是大哭了事。然而，當他升上國中參加籃球隊以後，體格一下子比父親還高大壯碩。某次他跟父親打架，竟然將父親打到腦震盪。之後，父子便形同陌路。

國中畢業以後，他考上某所大學附中，因為成績優異，甚至拿過校內第一名。不過，上了高二以後，開始不肯上學，最後便申請退學。自此不管父母怎麼勸說，他全當耳邊風。

直到他來本協會諮詢，我們以第三方的立場與他溝通以後，才了解他心中的夢想。後來，他決定申請函授高中，為考上醫學院而努力念書。

以幸泰為例，當父親和孩子像朋友般相處，就會失去原有的威嚴，而管教不動子女。在孩子年幼時，最重要的是切忌溺愛：要教導他們尊敬師長，以及明辨是非對錯。

親子的分際：父母不是孩子的好朋友

身為人母也是同樣的道理。特別是在孩子出現不肯上學的徵兆時，很多媽媽總是拚命的叫他們起床、督促上學。不過，這種做法很快就無效，被吵醒的孩子不是大罵：「叫什麼叫，吵死了」，就是對家人拳腳相向。

更嚴重一點的，有些孩子因為只想睡覺，根本不知道自己打了母親。如果從小過分嬌寵，像朋友般好言對待，那麼孩子長大以後，就容易將母親的話當耳邊風。換言之，一旦遇到**叫孩子上學**，**他們卻賴床**的話，就是**危險信號**。

不論是電動或手機，如果家長能與子女約法三章，當然最理想不過。但要注意的是，如果家長一開始就睜一隻眼、閉一隻眼，那麼後來訂再多規矩也於事無補。重點在於，父母得先傾聽孩子的心聲，再訂出雙方都同意且可行的規則。

此外，家家有本難唸的經，別人家的規矩不一定適用於自己。因此，在與孩子約法三章時，必須先認清自己家庭的實際狀況，切忌好高騖遠，況且把孩子自小拉拔到現在，多少都會有自己家裡特有的規矩。

例如一樹的父母就規定他，一到晚上十點，就得乖乖交出手機。因為費用是爸媽幫忙繳的，交給爸媽保管理所當然。等一樹高中畢業以後，自己開始賺錢、自己繳手機費，那麼誰也管不著。雖然這做法對一樹行得通，卻不代表其他家庭也能比照辦理。順帶一提，一樹常跟我開玩笑說：「齁，我老媽可兇的咧！」由此可知，一樹和媽媽之間感情仍不錯且尚有尊敬之心，才能與孩子約法三章。

親子之間最重要的是，不以學歷或成績褒獎貶抑，在發揮父愛、母愛的同時，也不忘隨時策動手上的編繩，加以規範。

不過，某些家長會因管教過當而動輒打罵，或者拳打腳踢，逼孩子就範。然而，這也是反面教材。

因為施暴的父母並無法得到子女的敬重，反而破壞親子關係。而且待子女們長大成人以後，便將主客易位，父母反而會成為弱勢被施暴的一方。敦也就是最佳案例，請參下文介紹。

〔敦也〕父母施暴，破壞親子關係

十八歲，就讀函授高中。高一暑期起開始拒學。

敦也的父親愛喝酒，但酒品極差。在他小的時候，父親只要一喝醉就會動手打人。儘管只是芝麻綠豆的小事，也會破口大罵，完全不給家人好臉色。

敦也至今猶然記得，有一次吃飯，父親正在發表高見。這個時候，他姊姊不過想跟敦也說個話，父親一雙筷子便丟了過來，怒罵：「我在說話的時候，你們還敢給我動來動去？」俗話說見微知著，從這件小事就可以想像他們家的相處情形。據說父母也是兩天一小吵，三天一大鬧。感情不睦不說，還時不時上演全武行。

話說，就在敦也升上國中以後，有一天父母又鬧得不可開交。這個時候，他不過就想勸個架，結果遭到父親拳打腳踢。於是，他還手了，沒想到父親卻因此傷到脊椎，而須住院治療。

自此以後，他父親雖然在家裡仍會破口大罵，卻再也不敢碰敦也一根汗毛。話雖如此，他父親對母親的施暴卻越演越烈，兩人已分居。

透過前面這些個案，相信各位讀者必能體會，唯有改變管教方式，才是拯救拒學症與繭居兒的良方。換句話說，重點在於①孩子拒學，不應只關媽媽的事，②別設條件、別老說「我是為你好」，與③孩子擺爛，是因為你有求必應。一旦無法堅守這三項原則，孩子就容易逐漸不受管教，或是拒學、窩居家中。

日夜顛倒的生活，讓他們漸漸不肯洗澡、不肯刷牙。再加上足不出戶，無須在意外界眼光，因此也不在乎服裝打扮，任由自己蓬頭垢面。尤其是一到盛夏，身上更有一股味道。

此外，繭居兒的日常生活不是打電動就是看電視，為了看螢幕，總是習慣拉上所有窗簾，將房間搞得烏漆抹黑。時日一久，他們因為習慣了伸手不見五指的環境，遇到一絲光線反而驚惶失措。

於是，即使同在一處屋簷下，這些孩子卻與父母宛如陌生人，不肯說上一言半語，不是在房間內解決三餐，就是等父母睡了以後，才去冰箱覓食。

事態一旦演變至此，父母的勸說孩子自然聽不進去，即使他們想改變也無能為力。這個時候，唯有借助第三方的力量。不過，第三方也絕非萬能，因此，若有心搶救拒學症或繭居兒，便須即早付諸行動。因為越早發現，越容易矯正。

例如，當孩子開始不肯上學時，頭一個月他可能會想：「我還是乖乖回去學校吧」。倘若過了幾個月、半年、一年，甚至兩年以後，他們就很難發揮自律精神，給自己一個重新站起的機會。

根據統計，五月的黃金週過後是拒學症的高峰期。因此，奉勸所有家長這時最好仔細觀察孩子。可惜的是，大多數的家長都是拖延到秋季，發覺事態嚴重以後，才前來諮詢。我建議只要子女有任何繭居徵兆（見下頁圖表18），便應儘早求助諮詢機關，以防範於未然（按：臺灣相關諮詢管道請參第二七五頁）。

圖表18　繭居風險確認表

家長之態度

- □ 父母干涉過多（特別是母親）。
- □ 父母是高學歷與高收入（特別是父親）。
- □ 母親對於學歷有陰影。
- □ 父親對子女教育不聞不問。
- ☆□ DV（家庭暴力）。
- □ 三餐都是外食。
- □ 缺乏控管錢財的概念，對孩子予取予求。

子女之狀況

- □ 不肯洗澡。
- □ 不肯刷牙。
- □ 日夜顛倒。
- □ 不肯修剪頭髮。
- □ 不注重外貌。
- □ 緊閉窗簾，畏光。
- □ 不在意外界眼光。
- □ 缺乏同齡朋友。
- □ 不打掃房間。
- □ 與導師不合。

親子關係

- □ 缺乏日常生活之基本問候。
- ☆□ 親子之間缺乏對話。
- □ 各自用餐（特別是早餐）。
- □ 放任子女賴床（家庭暴力之陰影）。

以上問題凡超過三項以上答是者，便須多加注意。
☆為緊急徵兆，宜立即諮詢專門機構。

第五章

從拒學到正常工作的三步驟

1. 同溫層的治癒力量，超乎家長想像

如同第四章的說明，若家長有心改變過去的管教方式，須透過以下三個步驟，幫助孩子脫離拒學與繭居，重回人生軌道。

脫離繭居的三大步驟：

步驟①培養規律生活。

步驟②建立自信與自律。

步驟③貢獻一己之力，回饋社會。

首先，最重要的是培養規律生活。這是幫助子女重新踏上人生軌道的第一步。當作息生活恢復規律以後，接下來就是建立孩子的自信與自律。最後，透過回饋社

會，貢獻一己之力，加強自信。以上步驟看似簡單，卻是我歷經三十幾年辛勞，累積而來的經驗。只要照著以上步驟，幾乎**九〇%的繭居兒**都可以因此治癒。

至少這三大步驟，我用了這麼多年，還未曾遇過失敗的案例。

相較之下，其他專家或拒學症與繭居兒的專門機構，是以建立孩子的自信心為優先。可惜的是，這種方法的效果非常有限。其中原因就在於，步驟順序。

接下來，就讓我帶領各位讀者了解如何落實於生活。

繭居的黃金救援期

其實，在拒學的頭一個月，孩子自己本身也很掙扎。因為不少人經過一個月的沉澱以後，便又乖乖去學校報到。此時，家長不妨靜觀其變，因為一個月的時間不至於讓孩子離經叛道。或許，不消幾天他們便迷途知返。

相反的，如果父母一天三餐照常供吃供喝，任由孩子每天逍遙自在，狂打電動或手機，日子一久當然養成孩子窩居家中的習性。

事態一旦演變至此，很多家長在倉皇失措下，往往只能參考教育書籍的建議，以為尊重孩子的意願才是上上之策。

確實如此，強迫孩子上學很容易造成強烈反彈，然而身為父母亦無法因此而睜一隻眼閉一隻眼，無所作為。

這個時候，第三方的協助就顯得非常重要。換句話說，就是由第三者居中協調，代為溝通（此時務必嚴選諮詢機關、團體或專家，以避免遇到不良機關的施暴或費用榨取等）。

一般而言，坊間的諮詢機關為了突破孩子心防，大多由立場中立的成人或大學生進行溝通。然而，對於這些孩子而言，這些大人或大學生並非同溫層，因此在溝通上仍有些許隔閡。況且繭居兒本身較自卑與缺乏自信，面對輩分高於自己一等的大學生，讓他們如何開誠布公？

話說回來，如果第三方是一位年齡相仿，甚至不久之前還跟自己一樣，窩在家裡不肯上學的高中生，情況又會如何呢？

善用同溫層，突破拒學心防

我只能說，一般大人死拉活拽也不肯踏出房門一步的繭居兒，只要是同年齡的孩子出馬，還沒吃過閉門羹。

本協會在受理諮詢案件時，通常會先派遣**高中實習生進行家庭訪談**，以便確認當事人的狀況。這些高中實習生由資深社工陪同，為了卸下繭居兒的心防，他們在暗無天日的房間裡，與繭居兒閒聊時下的電玩或八卦。因為年齡相仿，又是同溫層，因此總有說不完的話題，於是聊著聊著，這些繭居兒也就肯踏出家門。

不過，此時父母要特別注意：**不要逼孩子上學**。若孩子好不容易稍微卸下心防，又被催促著回學校上課的話，只會讓他們更想逃避，反而將自己關在房間內，甚至不願再與任何人溝通。因為，其實這些孩子對於無法回應的父母及師長的殷切期盼，內心感到非常的自責。所以，如果我們又提到「學校」這兩個字，反而讓孩子自怨自艾，產生抗拒的心態。此時，父母最好暫時保持靜默，同時委託社工和孩子溝通。

有些家長或許質疑，小小的高中實習生到底有何能耐，能讓繭居兒產生共鳴？接下來，不妨藉由以下案例，作為佐證。

〔祐貴〕同溫層的改變力量

十八歲。高一時因不肯上學而退學。之後，埋頭苦讀取得高中學力鑑定，於本協會實習後，成為正職社工。

祐貴在高一暑假過後，突然開始不肯上學。直至十月甚至因為有自殺傾向，而住院療養一個月。出院後，便一直在家休養。隔年四月才又從高一重新讀起。然而，上學不到五天便故態復萌。家長於是帶他來本協會諮詢。

當時，由社工竹村與實習生敦也接待。諮詢時，從頭到尾都是祐貴母親一個人在發表意見，祐貴始終低頭不語。不管竹村怎麼問，他依舊呆若木雞，縮頭垂肩，一副行屍走肉的模樣。

當敦也跟他說：「其實我也是高中生，而且之前也是從私立學校退學的。因為我在班上交不到朋友，所以不想上學。不過，我現在一邊在高畢生支援會當實習生，一邊念函授高中喔。」祐貴聽了以後，眼睛為之一亮。他後來表示，當時的震撼令他難以忘懷。

他說：「敦也跟我一樣年紀，卻這麼有能力，我根本比不上他。而且他幫協會設計的傳單也很棒，真的好厲害。我當時就想自己有他一半厲害就好了。」祐貴的母親對於兒子的反應也很驚訝：「敦也光是跟我兒子聊一聊，他就像換了一個人似的。原本我還想不過就是一個打工的大學生，後來才知道敦也也曾經繭居過。所以，他的話我兒子才會聽得進去吧。」

面談結束以後，敦也說：「你明天可得乖乖上學，否則我就親自去找你喔！」沒想到第二天，祐貴還真的拿著書包出門。幾個月以後，他也加入實習生的行列，努力至今。

〔翔大〕以親身經歷，卸下心防

就讀國二。四月升上國中以後，過了五月的黃金週便開始不肯上學，窩居家中。社工自暑期介入輔導，升上國二以後，總算每天來支援學校報到，為報考高中而用功讀書。

翔大從小就開始補習，好不容易考上一所私立小學，又為了國中考試而每天待在補習班。可惜的是，國中考試的成績不如預期，只考上第二志願。再加上，因校風過於嚴謹，讓他非常不適應。因此，四月才開學，一過了五月初的黃金週，他便躲著在家裡，不肯上學。

他母親回顧當時，感慨的表示：「當初我為了讓他去學校，累到心力交瘁而病倒。我老公押著他去上學時，他竟然眼露凶光說：『你這個混蛋，找死啊！』當時我們真的嚇壞了，還以為會被殺掉。自此以後，翔大就將我們視作空氣，一句話也不肯說。最恐怖的是，不時還聽見他在房裡碎碎唸，說什麼：『去死吧，我一定要殺了你』。」

及至六月，他手持三把空氣槍將自己反鎖在房內。只要母親一敲門，他就發射空氣槍以示警告。另外，由於即使窩在房裡，他也有電腦與手機可用，所以沒多久就開始日夜顛倒，總等到夜深人靜以後，才到餐桌上找母親為他準備的麵包等食物。不過，也因為還可以上網，與小學同學或網友打線上遊戲，翔大一點也不無聊寂寞。

於是，他就這樣窩在自己的小世界裡，與外界漸行漸遠。

及至六月下旬，本協會在受理母親的諮詢以後，安排社工大倉與高中實習生敦也，每週進行三次家訪。剛開始翔大十分警戒，他們只能夠隔著房門與他溝通。

根據大倉的報告：「我們花了好幾個星期，好說歹說的勸他打開房門，甚至嚇唬說：『你再不打開門的話，我們可要找鎖匠了喔！那你就沒有網路可以用了喔！』另外，我們盡量聊一些電玩或自己的事情吸引他的興趣。當我們聽到房間裡有些動靜以後，就知道我們的方法奏效。後來，我們還從門縫裡塞紙條給他，不過他卻回傳『不要浪費時間了』。因為他有暴力傾向，我們決定先不要強行闖入，再觀察一陣子，直到獲得他的同意以後，才展開下一步行動。」

敦也塞了一封信給他，一五一十寫下自己的親身經歷。例如在學校交不到朋友，所以不想上課，最後還因此而退學。現在高中二年級，在協會當實習生，平時喜歡玩什麼電動遊戲等。我們不知道那封信他看了沒有，雖然翔大說丟到垃圾桶了。不過，後來只有敦也出馬，翔大才肯偶爾回應一兩句。

而敦也到底施了什麼魔法，才讓翔大卸下心防的呢？有關這個部分，請容我留待後文說明。

經過幾個星期的努力，大倉隔著房門試著說服翔大答應幾件事：「每天這樣日夜顛倒的，真的很傷身體耶。試試看白天不要睡大頭覺，好不好？還有，能不能不要鎖門了？我們保證進來以前一定先敲門。下次我們來的時候，這兩件事你都有做到的話，我們就不會撬開房門，也不會切斷網路。」

翔大說：「他們剛來家訪的時候，我只覺得這些人也太多管閒事，所以那些廢話我根本不想聽。而且我也不怕房門被撬開，只是不能上網會要了我的命！」所以才與大倉達成協議。然而，之後大倉再家訪時，翔大仍然不予以理會，房門也還是上鎖。於是，大倉便不客氣的說：「下次我來還是這個樣子的話，我就要叫鎖匠了喔！」大倉還真的是說到做到，叫鎖匠來打開房門。等到七月中旬，翔大已經放棄反抗，乖乖從房裡走出來。而大倉與敦也也抓緊時機衝進房裡，立刻將空氣槍沒收。

他母親回想：「沒想到這樣反而讓情況越來越嚴重。」聽說那天以後，翔大像是失了魂似的，每天躺在床上玩手機。大倉與敦也去房裡找他聊天的時候，即使聊到電玩的話題，翔大也沒有半點反應。

敦也每次來家訪總是會幫忙打掃翔大的房間。但是，好不容易打掃乾淨以後，沒多久房間又亂到連走路的地方都沒有。

直到七月底，事情才開始產生變化。正當敦也一如往常般打掃的時候，翔大突然動手幫起忙來。到了八月，翔大的態度開始軟化，竟然接納了大倉與敦也。八月中旬，翔大開始願意和敦也一起打電動，跟他說話也願意回個幾句。九月以後，協會安排敦也單獨家訪，敦也在完成例行的清潔作業以後，也總是與翔大一起打電動。漸漸的，翔大將敦也當成朋友般信任，願意吐露一些心聲。

由祐貴與翔大的案例可知，繭居兒因為將自己窩在房裡，內心世界也是比較封閉的，不容許他人靠近。因此，需要敦也這樣同齡的高中實習生，或者年紀相仿的人代為溝通。如果一開始就由父母或師長等大人出面勸說，效果可能就會打折。

因此，同年齡的第三方絕對是拯救拒學症或繭居兒的關鍵之一。

本協會在收到高中實習生與資深社工的家訪報告以後，便會著手研擬下一個作戰計畫。例如與家長懇談，同時根據當事人的狀況，提議實際可行的方法，與孩子約法三章。當然我們也說到做到，謹守與孩子的約定。在這些努力下，一點一滴的建立起互信關係。

2. 健康的心理，從注重儀容做起

當繭居兒願意與同齡的孩子溝通以後，再來就是讓他們注意儀容整潔。例如勸導他們洗澡、刷牙、理髮與修整指甲等。這一步也順利過關的話，就可以進入下一個階段，鼓勵他們踏出家門，與外界接觸。

以下讓我們接著看翔大的後續。

過了十月以後，翔大已將敦也視為好友，於是悄悄吐露心聲：「現在的學校我不想去了。其實我想重考，報考最初的第一志願（國中考試）。」

敦也每次離開的時候，總是再三叮嚀：「下次我來的時候，要看到房間乾乾淨淨的喔，你也不可以一直睡大頭覺，要記得換身乾淨衣服喔。」因為敦也幾次來訪，都遇到翔大在床上呼呼大睡。還有幾次因為翔大未能遵守約定，惹惱了敦也：「手機拿來！誰叫你答應我的事都沒有做到！」而被沒收手機。

七月以後，敦也進一步要求，一直不肯洗澡的翔大去浴室洗個乾淨。他耐心的勸說著，即使等家人睡了以後，半夜再去泡個澡也都可以。八月的家訪中，敦也曾想壓著翔大去浴室洗澡，卻在一來一往的口角中錯失良機。後來，翔大終於妥協：「知道了，我今天晚上就去洗。」聽說不僅泡了澡，還將牙齒刷得乾乾淨淨。

接下來的一段日子，就在遵守約定便交還手機，不遵守約定就沒收手機中，反覆度過。大倉與敦也一步一步將門檻提高，到了十月下旬，他倆研判時機成熟，便動手拆了房裡的窗簾。希望透過一大早的日光讓翔大自然醒來，並藉機矯正日夜顛倒的生活型態。因為事先經過本人的同意，因此兩人很順利的就將窗簾給拆了。

翔大還將五月起就從未剪過的一頭亂髮理個乾淨。當時翔大有一個極想要的遊戲機，敦也便趁機說：「如果你把頭髮理一理的話，我去拜託媽媽買給你。」有一次，他們玩飛鏢的時候，翔大竟然提議自己輸了，就讓敦也剪頭髮。自此，翔大逐漸注重儀容整潔。

十一月以後，他開始一個星期洗兩次澡，也動手打掃自己的房間。翔大自從與母親撕破臉以後，便不再吃家裡的飯菜，只肯將就吃外食。這個時候，卻與敦也一起吃母親做的料理，讓瘦弱的身材逐漸恢復原狀。

十一月下旬，敦也與他約定四件事情，打掃房間、刷牙、每週洗澡兩次與每天開窗透氣，他都一一做到。母親還買了他最想要的遊戲機，作為剪頭髮的獎勵。後來，他自己提出要求：「打電玩時總是有一大堆外國人上去留言，我都不知道他們在寫些什麼。所以我想學英文。」十二月以後，他逐漸放開聲量說話，敦也也從ABC教他基礎英語。

3. 製造外出機會，美食是很好的誘因

在我們一步一步耐心的引導下，終於獲得翔大的信任，讓他主動洗澡，並且注重儀容整潔。於是，接下來的任務就是帶他踏出家門。對於繭居兒而言，要他們一下子置身人來人往的環境中，總不免心深恐懼。因此，我們安排社工與實習生陪同，讓他們慢慢熟悉外面的世界。接下來，讓我們繼續了解翔大的進展。

十二月十八日，敦也進行家訪時，發現翔大的房間不僅亂七八糟，而且也沒有洗澡，垃圾到處亂扔。於是，氣得沒收翔大的手機。當時正好是手機電遊的活動旺季（例如期間限定的武器或得分加倍計算等），等到二十日敦也再家訪的時候，翔大便心急的要回手機。於是，敦也趁機說：「手機？我放在辦公室啊。不然，你跟我一起去拿？」（其實由敦也保管）敦也掛保證說，辦公室現在沒人，加上翔大心急如焚的想要回手機，便答應隨他同去。

跨出家門的這小一步，可是隔了半年之久。

翔大不放心的問了又問：「你沒騙我吧？辦公室真的沒有半個人？」這個時候的翔大相當畏懼人群，連車站的人來人往，都讓他頭昏腦脹，幾乎臨陣脫逃。

其實，辦公室當天除了竹村與大倉以外，還有幾位社工。竹村早就透過大倉與敦也的報告，了解翔大的進展。因此，雖然頭一次見面，馬上脫口而出：「喔，你就是翔大啊，」他心裡想：「好不容易把他叫了出來，怎麼可以手機還了以後，就放他回去呢？至少該讓他感受一下外面的空氣吧！」於是便故作輕鬆的說：「欸，吃飯去，吃飯去。吃完飯就給你手機。」儘管翔大苦著一張臉，說：「我不要去！你快把手機還我。我要回家。」可是大夥兒還是簇擁他去家庭餐廳。

當然，他的好朋友敦也也跟著去。從頭到尾翔大就躲在敦也身後，偷偷問：「我們什麼時候回家啊？」除了敦也以外，任誰逗他開口，他就是不肯回話。他們幫翔大點了美味的焗烤飯，翔大卻始終不肯摘下口罩吃飯。

耗了一個小時以後，竹村與敦也紛紛勸說：「一口也好，你試試啊！」或許是烤焗飯太香了，也或許是他實在餓了，翔大吃了一口以後，竟然一口接著一口，全盤吃光。

根據敦也的回報，竹村知道翔大還喜歡甜食，於是飽餐一頓以後，他又說：「嗯，去吃點甜的吧，吃完了就把手機還你。」吃完可麗餅，又拉他去遊戲中心。可是翔大卻抵死不從。後來，大家找了一臺翔大喜歡的娃娃機，幫他吊了一個動漫公仔當作紀念。玩了一整天以後，大倉才送翔大回家，同時將手機還他。後來，翔大說：「我早就想回家了，可是他們又不肯將手機還我，所以只好任憑他們擺布了。」

五天後的聖誕節，敦也邀他去書店逛逛，說是要買漫畫與輕小說給他。沒想到逛著逛著，還逛了翔大很久沒去的服飾店。

在我們如此的想方設法下，翔大與外界接觸的機會日漸增多。

進行到這個階段，重點是要**時常製造外出的機會**。等到他們習慣外面的世界以後，接下來就是讓繭居兒試著與大人聊天說話。例如鼓勵他們與自由學校、保健室、適應班或函授高中等的教職員交談，以便建立信賴關係。

當他們開始信任大人以後，即可協助他們養成規律的生活習慣。繭居兒大多日夜顛倒，想讓他們回歸正常軌道並不容易。然而，這卻是脫離繭居最重要的一步。

建立規律需要製造每天外出的機會與去處。試想，天天窩在家裡，如何矯正生活習慣？因此才需要讓這些孩子每天有地方可去。這也是第三章所提到的，全日制函授高中的作用。一般說來，函授高中無須天天上課。然而，為了建立學員的自律，本協會仍規定學員每日來支援學校報到。

不論是自由學校、保健室或適應班，最好循序漸進的誘導。從一個星期去一次，增加到一個星期報到五天。

那麼，讓我們接著看翔大的故事。

〔翔大〕設底線，慢慢來

過完年以後，敦也再去家訪的時候，發現翔大故態復萌，又是不肯洗澡與刷牙。於是，他決定再次沒收手機與遊戲機。翔大在無事可做之下，竟然開始動手大掃除。而且，自從去年五月以來，躲在房裡不與家人照面的他，還會主動到客廳吃飯。他母親回想當時的情景說：「我看到他將衣櫃拉到走廊，用吸塵器將房間打掃乾淨，真的是嚇了一大跳。接著又來客廳吃飯，我當時開心到眼淚直掉。他還跟我說，想去動漫店買漫畫，所以我就帶著他出門。你們都不知道我有多高興。我們母子可是好久沒一起出門過。」

遺憾的是，他母親卻犯了一個嚴重失誤，因為漫畫一買就是十七本。翔大母親說：「後來大倉跟我說買太多了。我也知道自己一時衝動，太寵孩子了。他還說**繭居兒有時候看似好轉，其實起起伏伏。最好要有心理準備。**」

敦也再進行家訪時，向翔大表示手機跟遊戲機放在本協會的教室，叫他來拿。

一月二十四日，翔大第一次來教室上課。這是從他母親來本協會諮詢以後，我們花費了七個月努力所得到的成果。翔大在教室待了兩個小時左右，不過大倉卻因為他沒有洗澡，所以不肯將手機與遊戲機還他。沒想到翔大一回到家裡，便發瘋似的將家具砸個稀巴爛。

後來，翔大為了拿回手機，在敦也的陪同下一起上學。我們趁著這個難得的機會，一步一步提高門檻。兩個半月後，我們答應他只要每個星期來上三次課，就將手機還他。

從這個時候起，我們讓敦也當黑臉，竹村或其他社工為了拉近彼此的距離，故意說：「你慘了，敦也氣到不行，不過別怕！我們幫你去說，叫他把手機還你。」剛開始，不管我們怎麼說，翔大就是一臉不耐的說：「煩死了，別管我。」不過，漸漸的，他也肯與年紀較大的社工說上一兩句話。

除此之外，我們本來答應他十二點以前來教室報到即可。後來慢慢將時間提早，最後要求他早上十點三十分以前一定要到學校。四月起，他每週上四天課，以個別輔導的方式學習五項必修科目。有一次竹村說：「翔大，你的英語可得加把勁。你看看人家敦也，為了大學考試多麼拚命！」沒想到他老實的回答：「欸，我怎麼比得上敦也啦。不過，我是應該向他看齊！」於是，翔大自此努力用功，奮發向上。現在他一週上課五天，每天九點五十分準時報到。至於他心心念念的手機，只要他乖乖上學，想怎麼用就怎麼用。

4. 辦外宿、活動，化解封閉心態

當繭居兒的生活習慣重回正軌，不再抗拒與大人溝通以後，接下來的重點就是與**同齡層的交流**。大多數繭居兒面對同年齡的學生，不免有莫名的自卑感，因此總是能躲多遠就躲多遠。

因此，唯有鼓勵他們與同年齡層的同學正常往來，才能重建他們的自信。其中最有效的，莫過於透過活動（尤以外宿型活動為佳）打開他們的心結。

當他們與其他孩子打成一片以後，接下來可編派一些活動企劃或幹部等工作，藉此讓他們體會**天生我才必有用的道理**，**加強自信**。

接下來，除了翔大的後續發展以外，另外介紹兩個案例作為參考。一位是窩居家中一年，後來成功脫離繭居的優人，另一位是高二起便抗拒上學的幸泰。

〔翔大〕改變從旅行開始

及至二月下旬，雖然翔大每個星期都會來教室上三天課，但整個人仍然拘謹閉塞，只肯與成年的社工、高中實習生的敦也或學生會長的一樹說說話。

為了幫助翔大突破人際困境，竹村便提議在三月舉辦滑雪之旅。同時，跟翔大說：「聽說你的手機又被沒收了？欸，這樣吧，你如果來參加我企劃的滑雪之旅，我就去幫你把手機要回來。而且讓你用上兩個月，誰也拿不走，如何？」本協會每個月都會有學生企劃活動，滑雪之旅就是其中之一。竹村為了製造翔大與同齡層交流的機會，便想出這麼一個外宿活動，希望能藉此卸下翔大的心防。特別是在外住宿，更容易拉近彼此距離，可以說是再好不過的機會。

翔大猶豫片刻：「嗯，讓我想一下。」兩天過後，他便問要去那裡滑雪？住哪家飯店之類的。甚至還用谷歌地圖再三確認。竹村說起當時的情景：「哈，這小子還真的是一直查，他就怕我們胡說，受騙上當吧。」

最後，翔大決定參加滑雪之旅。一搭上新幹線沒多久，他就與其他學生打成一片。而且他原本就會滑雪，因此非常得心應手。洗澡時，也跟著大家一起泡湯；入夜後，在遊戲間更與大家玩耍打鬧。這一趟旅行可說是值回票價，讓他與其他年輕人重新接軌。

這趟愉快的團體旅遊，讓他從四月起每週來學校報到四天，還擔任新聞部的小編。主要的工作內容是記錄同學們的生活點滴或活動集錦。翔大的文筆生動又有趣，極受同學好評。

翔大產生自信以後，十月起便每天自動自發的上學。目前，他正為了報考全日制高中而埋首苦讀。

〔優人〕參與活動策畫

就讀函授高中二年級。曾因棒球成績優異，以體保生的身分進入某私立高中，後來因為不肯上課而退學，在家窩居一年。

優人因為棒球的優異表現，以體保生順利升上高中。然而，嚴苛的訓練逐漸讓他無法負荷，升上高一沒多久，便從五月開始不肯上學。及至六月，他母親來本協會諮詢，但優人卻絲毫無動於衷，整日就是窩在家裡打電動。

後來，手頭上的遊戲他都打膩了，又沒有錢買新款的時候，他主動跟母親開口：「我還是去上次那家協會看看吧。」這個時候，他已在家裡窩了一年。他第二次來本協會接受輔導的時候，因了解到高中文憑的重要性，於是決定報名與我們合作的函授高中。

剛開始，他維持一貫的冷漠，不肯與任何人交談。後來他才說：「我不想再像上一間學校那樣，跟誰牽扯不清，所以寧可一個人獨來獨往！」不過，由於本協會規定每位學員每年至少要負責一項活動，並擔任幹部在大家面前做簡報，所以後來優人企劃了一場聖誕晚。

按他的規畫，是先在一家餐廳舉辦聖誕晚會，大家交換禮物。然後，再去遊樂中心玩飛鏢，讓大家一拚高下。

他回想當時的心情說：「我在準備的時候，每天提心吊膽，也忘了提醒同學要帶學生證。一開始就手忙腳亂，我還擔心大家會玩得不開心呢！」一直到晚會熱熱鬧鬧結束，轉移陣地去玩飛鏢，大夥兒也是嗨翻天的時候，他才鬆了一口氣。

優人透過辦活動建立自信以後，逐漸卸下心防，還交了不少好朋友。下課後他總是留到最後，十分享受校園生活。對於未來更是充滿憧憬，目前正為報考大學而努力讀書。

〔幸泰〕繭居兒努力也能做到

十八歲。國中畢業後，考上某所大學的附屬高中，高二卻因為不肯上課而退學。後來選擇函授高中，為報考醫學系而奮發圖強。

幸泰自小就讀公立小學與中學，高中雖未考上第一志願，不過也是程度不錯的大學附中。成績優異的他開學沒多久，就奪得學年第一。即便如此，因為不是心目中的第一志願，不免影響他讀書的士氣，而且遲遲無法融入校園生活。五月起幾乎每天曠課，及至九月，家長帶他來本協會諮詢。第二學期以後，因為跟班上相處甚歡，他又開始去學校上課。沒想到上了高二以後，因為班級重新分配的關係，加上與同學發生口角，幸泰再次將自己鎖在房裡，不肯上學。拖到九月終於申請退學，十月透過本協會插入某所函授高中就讀。

他雖然答應過社工一定會用功讀書，卻總是改不了遲到或曠課的毛病。於是，我們便安排他負責三月的滑雪之旅。

與旅行社交涉的大小事宜由他一手包辦，例如製作參加團員的名冊、收集家長同意書，保管參加費用，同時匯給旅行社。原先一切都照計畫順利進行，不過在編輯備忘錄的時候，卻讓他遇到不少挫折，差一點熬不下去。

這份備忘錄他一直寫不出來，幾乎想要臨陣脫逃。後來還是靠著社工竹村的加油打氣，他才在熬夜趕工下，總算在出發前一天完成。幸泰說：「當時我完全不知道該如何下筆，所以就想放棄，但經過這一次的經驗，我深深體會到，其實只要努力，沒有什麼是做不到的。而且那一次的滑雪之旅相當成功呢，每個人都玩得盡興又滿意，讓我很有成就感。」幸泰透過舉辦活動，慢慢的建立起自信。

5. 別幫孩子想未來，他得自己摸索

從翔大、優人與幸泰的案例不難得知，透過活動或節慶祭典的參加，有助於繭居兒卸下心防，與同齡層打成一片。之後，再安排他們獨立企劃活動，便能進一步增加他們的自信。

雖然我每次總是提心吊膽，深怕發生個意外或什麼麻煩。然而，這對於學生來說卻是不可或缺的經歷。因此，我們總是讓學生放手一搏。

除此之外，我們也編派一些學生會或社團團長之類的職務，讓這些孩子透過服務他人建立自信。就以本協會為例，很多孩子當上學生會長以後，立即判若兩人。不僅責任感油然而生，也懂得關心或照顧其他同學。

例如，目前擔任學生會長的元哉就是最佳典範。他高一開始便不肯上學，每天窩在房裡打電動，過著日夜顛倒的日子。甚至要靠社工竹村與實習生敦也親自接

送，才肯到教室報到。然而，現在他不僅可以獨立外出，還有餘力關心其他同學，整個人煥然一新。最近他還說：「我能夠有今天都要謝謝媽媽！」讓母親感動不已，喜極而泣。

上一屆的學生會長一樹也是如此。當初他因為功課不好而不肯上學。他來本協會的時候，對於未來完全不抱任何期望。直到當上學生會長以後，才開始關心其他同學，並帶頭鼓舞士氣，身受同學的愛戴與信賴。我們還擔心他畢業以後，同學們會很失落，如今，這個孩子已讓人刮目相看。

等到這些學生對自己有了信心以後，**接下來便是引導他們摸索自己的未來**。在家長、子女與社工的三方懇談下，訂定人生目標，督促他們奮發向上。

不論是高中考試、大學考試、高中學力鑑定或公務員高考等，每個孩子都有適合自己的道路。

一旦他們有了自信，便能夠積極的規畫未來。不過，為了避免他們再次受挫，我們會以當事人的意願為優先，而非學歷或職位，謹而慎之的從旁輔導他們找出人生目標。

不少家長一看到孩子的情況稍微好轉，便心急的跟他們討論未來出路。殊不知**操之過急，往往讓拯救繭居兒功虧一簣**。而且還可能導致孩子再次退縮。因此，各位家長切忌過早逼迫孩子選擇出路。

本章節所介紹的三大矯正步驟彙整如下。不過，其前提是獲得父母雙方的認同與理解，同時與社工同心協力，拉孩子一把。

步驟①　培養規律生活

高中實習生進行家訪（剛開始由資深社工從旁協助）。

↓

修整儀容（沐浴、刷牙與理髮等）。

↓

嘗試踏出家門（至少一週一次）。

↓

與成年人溝通（與就讀學校的師長建立信賴關係）。

←規律正常的生活（上課次數從每週一天增加到五天）。

步驟② 建立自信與自律

←與同齡層交流（參加各項活動或節慶祭典）。

←職務分擔（活動或節慶祭典的規畫執行，學生會、小組等）。

←檢討今後出路

（在家長、學生與社工的三方懇談下，尊重子女意願，選定將來的出路，同時督促他們用功讀書）。

讀到此處，各位讀者可能鬆了一口氣，以為總算苦盡甘來，從此風平浪靜。其實不然，繭居兒的拯救計畫還缺最後一個步驟。

不少拒學症或繭居兒表面上恢復正常，沒多久卻又故態復萌，重新躲在房裡，與世隔絕。最讓人憂心的是，這些孩子只要再次變成繭居兒，想讓他們重見天日簡直如登天之難。而且時間越拖越長，就越難回歸社會。

第六章

不幫孩子做好做滿，他才有機會肯定自己

1. 第二次繭居，往往變一輩子繭居

不少繭居兒雖然表面上看似恢復正常，但有時還是會因為某些事情，再度產生退縮，不願與外界接觸。為了避免先前的努力功虧一簣，最好的方法就是讓他們貢獻一己之力，回饋或服務社會，進而獲得他人的信任與肯定。如此一來，自然就能建立起自信，開拓視野，並為美好的未來打拼。

對於本協會而言，提供實習機會是為了幫助曾經繭居的高中生或大學校友，回饋社會。實習生的工作內容並非只有協助教職員製作傳單，或是當官網小編，而是實際參與教師例會或家長會等。

當然，主要工作還是陪同資深社工進行家訪。

如同前面介紹過的案例，高中實習生大多與繭居兒年齡相仿，因此由同世代的青少年來勸導，更容易打開繭居兒的心扉，而且效果卓著。另一方面，實習生的輔助除了有助於與繭居兒溝通以外，也有助於實習生充實自我。

換句話說，當他們懂得貢獻一己之力，對他人伸出援手以後，自然能獲得周遭的肯定，進而從中建立自信。

接下來，就讓我以第五章中，幫助翔大的大功臣敦也為例，帶領各位讀者，看看他是如何透過實習工作，發揮所長。

〔敦也〕孩子不工作，就會跟你要錢

十八歲，就讀函授高中。高一暑期起出現拒學徵兆。自在本協會實習生，表現亮眼外，同時為報考大學而奮發向上。

事實上，敦也高一剛來本協會接受輔導的時候，對竹村不僅十分冷淡，也不參加任何活動。即使人在教室也是自己窩在角落打電動。

他後來說：「其實我是看了杉浦會長（按：本書作者）寫的文章，覺得他的論點很有道理，才來這裡試看看。沒想到見了面以後，發現他就是個囉嗦的阿伯，讓我有點想打退堂鼓。」然而，在竹村鍥而不捨的關照下，他終於卸下心防。之後，兩人還常下課後去泡個溫泉，逛逛校園祭什麼的，漸漸的滋生出友誼。

不料看似平順的進展，卻因為三方懇談而暗生波瀾。當時，一心成為服裝設計師的敦也，與執意要他轉入都立高中、報考一流學府的母親互不相讓。甚至在我們面前大吵一架。敦也怒吼：「既然不想養我，那幹嘛把我生下來！既然生了就該負責任，快點拿錢出來！」

當時的情況讓大家嚇出一身冷汗，我們還擔心敦也會出手打人。後來，我與社工竹村費盡口舌才說服母親，尊重敦也的選擇，從旁為他加油打氣。

這個插曲讓敦也自此對我們改觀，取代而之的是百分百的信任。於是，我們便建議他來協會當實習生。實習生屬於半工半讀的性質，既有薪水可領，又可繼續學業。更何況這個孩子素質不差，絕對有能力應付難度高一點的職務。

自從接下實習生的職務以後，或許與薪水有關，原本時不時遲到或翹課的他，竟然風雨無阻的每天報到。

他設計的海報或傳單也讓人眼睛一亮，備受好評。另外，他還在部落格開設實習生的交流天地，同時編制培育新人的實習生手冊。敦也成為實習生以後，責任心大增，凡事認真努力。

為了幫助敦也挑戰自我，我們安排他陪同資深社工進行家訪。所謂將心比心，唯有嘗過窩居家中的苦悶，才能體會繭居兒的心情。再加上年齡相仿，敦也便成為突破繭居兒心防，與獲得信賴的不二人選。

基於上述理由，我們安排敦也追蹤翔大的個案，陪同社工定期家訪。對於初次擔任實習生的他，將這段期間的感想與反思，一五一十的抒發在部落格中。摘要如下文：

「對我來說，輔導工作最重要的莫過於建立信賴關係。所謂信賴，指的是互信互重，在對方最需要的時候伸出援手。

我知道有不少人會想：『這麼簡單的道理，還用你來說嗎？』其實，事實並非想像中那麼簡單。

自我有記憶以來，學校的老師就喜歡把自己塑造成「備受愛戴」或「深受信賴」的形象。但說真的，在我加入高畢生支援會以前，還真的沒遇過可以完全信任的老師。連我自己都覺得納悶，為什麼**老師和學生的感受差這麼多**？

要以我來說，我覺得大部分的老師都只在意表面功夫，卻忽略了雙向溝通，（僅為個人己見，並非一竿子打翻一船人）。但這種溝通方式根本無法取得學生的信任。

那麼，我又是如何卸下翔大的心防，與他溝通的呢？讓我用實際例子，簡單說明一下我的作戰策略。

我剛去家訪的時候，即使想方設法突破他的心防，翔大卻總當我是空氣，一句話也不肯說。直到有一天，我想起在某本心理書籍提過，男人與男人建立友誼的最佳捷徑，就是共享祕密。

或許這指的就是開誠布公。

於是，我也卸下心防，將說不出口的心裡話，例如家裡的狀況，不想上學的理由，或是將來的夢想等，一五一十的與翔大分享。自此以後，他的態度逐漸鬆動。」（摘自部落格）。

透過以上的分享，相信各位讀者已能感受敦也為了取得翔大的信任，所做的一切努力，與自我激勵的心路歷程。敦也救人於水火的熱忱，感動了翔大，因此願意在他的輔導下，脫離繭居的困境。而敦也的所作所為，除了翔大本人以外，更獲得其父母、社工與其他同學的肯定。他母親甚至說：「那時我兒子將敦也寫的信丟在垃圾桶，我還撿起來好好珍藏呢。」

敦也在支援學校就像鄰家大哥哥一樣，深受大家的信賴。敦也一點一滴打拚出來的愛戴與自信，不僅讓他了解自己的價值，更清楚明白今後的人生方向。之後，他為了一圓服裝設計師的夢想，決定為考上心目中的大學而全力衝刺。

2. 讓繭居族從被照護，到照顧別人

我在第五章中，曾經介紹祐貴因為仰慕敦也，而加入本協會。雖然祐貴比較怕生，但他在試讀期間和大家相處十分融洽，舉凡室內足球賽，烤肉聚餐或卡拉ＯＫ等活動也從不缺席。

而且為了適應校園生活，他更一改過往白天睡覺、晚上打工的習慣，努力讓自己盡量在白天出門活動。在參加過遊樂園等各種活動以後，他說：「我總算找到自己的容身之所。」

祐貴原本想透過函授高中取得高中文憑，但礙於支援學校非高中學費減免的補助對象，他不得不放棄函授高中，轉而鎖定高中學力鑑定考試。因此，本協會建議他加入實習生的行列，半工半讀。短短　個月不到的時間，祐貴便接手協會演講的司儀工作。接下來，更是在家長會中擔任簡報製作。

他擔任實習生的第一個任務，是陪同資深社工，訪問一位將自己反鎖在房間裡，不跟家人說話長達半年的高中生。

第一次家訪時，當事人雖然毫無反應，不過在社工的善意展現下，以及透過電玩的話題吸引他的興趣以後，第二次的家訪已有些許回應。一般說來，即使經驗老道的社工出馬，也需要耗費一些時日，才能讓繭居兒卸下心防。單靠一次家訪便能讓繭居兒開口，真的是不容易。

祐貴自己也說：「過去都是別人照顧我，如今我竟然也能夠照顧別人，真的好高興。我一直羨慕實敦也與一樹。沒想到自己也有這麼一天，像他們兩人一樣活躍，所以漸漸的對自己有些信心了。」

另外，他也不忘在課業上努力用功，不負眾望的考取高中學力鑑定認證。

由此可知，實習生是雙贏制度。不論是受惠者或施惠者，都可因此養成自律的精神。

例如，學生可以遲到或翹課，但一旦成為實習生，因為受責任感所驅使，這些孩子會自我鞭策。同時，也因為發揮自我、幫助他人，能獲得讚美與肯定，所以這些孩子更不敢敷衍了事。這個時候，無須師長督促，他們就會自動自發。例如跟催自己負責的個案，想方設法的拉繭居兒一把。對於青少年而言，實習生是最好不過的成長歷練。

除此之外，實習生還是職業教育的一環，可以透過半工半讀，累積寶貴的社會經驗。特別是很多孩子從小只知道讀書，從不幫忙家務，更不用說外出打工。因此，我總是建議家長讓孩子分擔一點家務或外出打工。唯有靠勞力賺取薪酬，才能夠知**培養孩子的社會概念**。事實上，打工有助於孩子認清自己的工作適性，並透過職場中的人際關係開拓視野，豐富人生觀。

特別是本協會的實習生負責的個案，不外乎拒學症、繭居兒或退學的高中生等被學校視為問題兒童的邊緣人。對於想當老師或往補教界發展的學生而言，是再好不過的學習機會了。

下一代的教育之責，本由家庭、老師及社區共同負擔。由於過去的社會注重鄰里間的照應，所以孩子們除了父母以外，還有左鄰右舍的叔叔阿姨等外人照看。也就是說，大家會發揮互助精神，由整個社區擔負起教育之責。但反觀現代社會，之所以會有拒學症或繭居兒的問題，**社區功能的失調**就是其中之一。從前的孩子能向隔壁的叔叔嬸嬸學東學西，但可惜的是，現在已經看不到這般光景。因此，在本學會實習或打工，亦是提供孩子與外人接觸的大好機會。

3. 不知道每天要前往何處，就無法有規律生活

話說，祐貴在經過實習生的歷練，又成功通過高中學力鑑定以後，不管是父母、師長，或他本人都以為自此雨過天晴。殊不知，他通過學力鑑定以後，竟然故態復萌。

到底是哪裡出了差錯？其實，是祐貴通過高中學力鑑定以後，無須每日來支援學校報到，失去生活重心的緣故。我在第五章曾經說過，繭居兒最怕的就是無所事事，一旦**不知道每天該往何處，就無法有規律正常的生活**。

祐貴回顧當時的情形說：「我通過高中學力鑑定考試以後，因為不用每天到支援學校報到，所以又開始日夜顛倒。最糟糕的時候，還曾經凌晨四點睡到下午兩點才起床。常常要竹村打電話來催，我才起得來。到學校都不知道是第幾節課了。」

他還曾在社工部落格留言：「天啊，怎麼這麼冷？冷到我根本起不來。」他原

本還在超市打工，也因為三不五時請假而離職。然而，他母親卻說：「我那時只想他平平安安的活著就好，怎麼樣都無所謂。」當時的祐貴心情低落到極點，於是像鴕鳥似的將自己鎖在房裡。

為了幫助他破繭而出，我們便想出**新生活教育營**的點子。老實說，這也不是什麼創新的方法。安排學員去社工的家裡住上幾晚，以便矯正生活習慣，本來就是本協會的慣例。祐貴也曾去社工家住過幾次，藉此督促自己早睡早起，第二天再一同上學。不過，因為一大早就出門，通常隔天就會開始覺得疲累，沒幾天又開始請假了。由此可見，只住個一兩晚於事無補。因為生活習慣的矯正絕非一蹴可幾，必須長期才能見效。

不過，由於顧及社工的家庭負擔，因此我們也不可能安排學生長住；住飯店的話，又是一筆不小的開銷。

慶幸的是，我們遇到一位貴人。那就是經營身障者支援設施「日之初太陽之家」的社會福祉法人，太陽福祉協會的理事，同時身兼NPO法人日之初太陽之家志工中心的保田武男理事長。

日之初太陽之家位於東京都西多摩郡的日之初町，是一家以「人人皆為小太陽」為理念設立的啟智教養院。除此之外，另設有武士之家、東京地球農園與日之初太陽之家志工中心等設施。

他們的志工需求量頗多，例如日之初太陽之家的啟智活動、武士之家的忍者體驗，或地球農園的耕種採收等。另外，還出借給企業舉辦研修會，因此需要各種志工幫忙打點。

作為新生活教育營而言，這裡不僅風景秀麗，又能回饋社會，簡直是萬中選一的絕佳地點。使用期間不收住宿費，只需負擔伙食費，而且每餐僅收五百三十日圓（按：約新臺幣一百四十三元）。如此一來，多住個幾天也不怕。於是，我們便著手企劃八天七夜的新生活教育營，其中四天三夜商請久保田理事長資助，另外四天在社工家度過。

4. 晒太陽、動身體，簡單卻少不得

當我們建議祐貴參加新生活教育營的時候，他起初有些意興闌珊。後來，他才說：「老實說，那個時候，我恨極了自己怎麼會走回頭路，覺得自己糟糕到不行，所以什麼也不想做。」即便如此，大倉仍然花了兩個星期的時間努力勸說。直到大倉提到，第二次的繭居比第一次更難克服，一旦錯過這麼難得的機會，或許一輩子就都走不出來了，才打動祐貴。

他還說：「我真的很怕自己再也走不出來，但又想回報師長拉拔的情意。協會的老師對我而言，已經不是單純的師生關係，更像是值得信賴的多年好友。他們總是站在我的立場為我著想，從背後推我一把，成為我奮發向上的動力。」最後，祐貴決定自己獨自前往。他還擔心早上起不來，因此徹夜未眠，天一亮便隻身前往日之初太陽之家（祐貴四天三夜的行程表，請參第二一四頁之圖表19）。

沒想到第一天，他因為前晚徹夜未眠，跟大家烤完肉以後，便回房呼呼大睡。他在部落格這麼寫著：「（一開始）我實在是太緊張了，根本不知道該跟大家說些什麼。我能做的就是幫忙添添土，或者挑一些花苗。看到其他住宿的人與這裡員工聊得那麼開心，我真的羨慕極了！教育營的第一天，就讓我覺得健康的作息真的有益身心呢！」

可不是嗎？勞動筋骨以後，食慾自然就會大增，而且每天都是累到蒙頭就睡、隔天早起。習慣早睡早起以後，胃口也會變好，自然而然的便身強體健。

其實，祐貴的體型偏瘦，而且食量也不太大。竹村還曾回報：「我們去吃個牛肉蓋飯，他居然吃了四十分鐘！」祐貴身高一米七，窩居在家的時候，曾經瘦到四十二公斤。在如此惡性循環下，才會讓他整天有氣無力。不過，日之初太陽之家的主廚可是在知名餐廳待過，因此那裡的伙食可是讓祐貴食指大動。

我們先前視察的時候，剛好遇到玉米播種的時期。於是，祐貴第二天的工作便是幫忙這些玉米施肥。他在部落格抒發感想：「今天累到不行，這應該是教育營最耗費體力的行程吧！雖然累個半死，幸虧天氣很好，在太陽的照射下，感受一下農

圖表19　新生活教育營的行程（四天三夜）

第　一　天

10：00	前往車站與久保田理事長匯合，一同前往日之初太陽之家。
10：30	教育營行程說明（久保田）。
11：00	企業志工報到的準備作業。
11：00	午餐時間（日之初太陽之家餐廳）。
	迎接企業志工、自我介紹、日之初太陽之家簡介（DVD）。
13：30	與作業小組匯合，協助種植花卉、整理花壇。
16：00	作業結束，烤肉聚餐之準備與小組交流。
18：00	晚餐時間（日之初太陽之家餐廳）。
19：00	洗澡（日之初太陽之家宿舍）。
19：30	交流時間（與住宿者或企業志工等）。
20：30	撰寫工作日誌。
22：00	就寢（武士之家）。

第　二　天

7：00	起床。
8：00	早餐時間（日之初太陽之家餐廳）。
9：00	前往農園、購物與準備中餐。
10：00	前往車站迎接企業志工。
10：30	農耕作業（玉米施肥）。
12：00	準備午餐與用餐。
14：00	將企業志工送回車站。
15：00	回程（武士之家）。
18：00	晚餐、洗澡。
20：00	團客簽到。第二停車場之指引，武士之家住宿說明。
21：00	撰寫工作日誌。
22：00	就寢（武士之家）。

第　三　天

7：00	起床。
8：00	早餐時間。
10：00	團客簽出，陪同童子軍視察參訪。
13：00	忍者體驗（韓國娛樂網站之外景拍攝）。
15：00	出席百花祭（日之初太陽之家每年盛事）之忍者體驗會議。
18：00	撰寫工作日誌。
22：00	就寢（武士之家）。

耕的辛勞也是不錯的體驗。」除此之外，他還感嘆：「某某公司說之所以選擇這裡，是為了配合營運方針，提供員工一個既可以接觸大自然，又可以定期為社會服務的機會。但這些人怎麼看就是來玩的啊，看來這種接近大自然的體驗頗受大家歡迎。（省略不述）每天雖然累到倒頭就睡，卻更加神清氣爽！」

第三天則是韓國娛樂網站前來採訪武士之家，因此他便幫忙打點一二。武士之家是久保田理事長創辦的忍者道場，舉凡服飾到袖劍等應有盡有。祐貴為了接此重責大任，事先還接受忍者特訓。當天他以一身忍者裝扮接待韓國採訪團，並協助採訪媒體的換裝或參加忍者講座，甚至還被讚譽為「美少年忍者」。

教育營的最後一晚，也就是韓國媒體結束採訪以後，祐貴與久保田促膝長談。他在部落格寫下：「久保田針對我的困擾親切的一一解惑，同時提供建議。我還從他口中得知，他立志為身障者服務的初衷，與身障者面臨的困境等。當初我雖然是為了矯正生活習慣，才來這裡接受四天三夜的教育營，卻沒想到因此得到寶貴經驗，開拓人生視野」。

第四天他起了個大早，吃完早餐後，便從日之初太陽之家直奔教室上課。

志工是拓展人際關係的最佳機會。除了身障者以外，還能透過設施的員工或企業志工等人的接觸，理解社會大眾的想法與所作所為，開拓視野。同時意識到過去的煩惱，不過是庸人自擾也未可知。

祐貴就是因此深深體悟到自己的心境變化與豁然開朗。他說：「我總算知道過去的自怨自艾，有多麼對不起父母了，所以我下定決心要好好努力，不再給他們添麻煩。」

5. 人生有了目標，就不會胡思亂想

或許四天三夜的教育營，讓他每天都有明確的工作目標，還得與四面八方溝通，因此沒有胡思亂想的機會。因為當我們越是胡思亂想，就越容易陷入死胡同。

除此之外，原本纖瘦的祐貴經過短短四天的規律生活，一下子氣色變好很多。

根據新生活教育營的行程，他第四天來支援學校報到以後，接著去大倉、竹村與同學的幸泰家各住一晚。這幾天我們盡量增加他的動能，例如幫忙做些家務什麼的，同時養成早睡早起的習慣。為期八天的新生活教育營總算圓滿閉幕。

祐貴結束教育營的特訓以後，在部落格留下感言：「每天動一動身體，跟大家說一說話，總是一覺到天明。即使睡得不多，不用鬧鐘也能自然醒來。沒想到規律正常的生活，竟然讓身體有如此變化！（省略不述）欸，我都覺得自己變壯許多（偷笑）。而且，之前的那些憂鬱的心情也煙消雲散了。」

第二個月，祐貴還去日之初太陽之家住上兩天一夜，幫忙準備一年一度的百花祭。久保田讚不絕口的說：「祐貴真的是難得的好孩子。田裡的工作從不喊苦怕累，對於身障者還特別親切。嗯，這個孩子好好培養，絕對前途無量。」

繭居兒一旦對社會有所貢獻，便能找到自我價值，重回人生軌道。例如祐貴就是透過新生活教育營，成功脫離二次繭居，從此找到奮發向上的人生目標——呼籲政府將函授高中的支援學校，納入學費減免的訴求（東京都議會已於二〇一八年十二月受理他的陳情。他面對都議員或區議員的侃侃而談、因應媒體的採訪，甚至前往東京都政府陳情，種種亮眼的表現，令人刮目相看）。

祐貴也說：「我從沒想過自己能有這麼一天，就像做夢似的。那是我每天窩在房裡想都不敢想的事情。即使人微言輕，我仍願意盡一己之力，或多或少回饋社會。」祐貴的學子生涯雖然比一般高中生來的艱辛，卻也因此累積難得的寶貴經驗。我衷心期盼他的努力，終有開花結果的一日，讓日本全國認知支援學校學費減免的重要性。

之後，祐貴從實習生轉為正職社工，拒學症與繭居兒繼續奉獻心力。

6. 透過與身障者溝通，讓孩子懂「為別人想」

除了祐貴以外，幸泰也曾參加新生活教育營。

如同第五章的介紹，幸泰因為滑雪之旅的歷練而脫胎換骨。從此以後，更是為報考大學而埋首苦讀。但後來，他還是常常會遲到或翹課，每次被抓包都信誓旦旦的說：「下次絕不再犯。」然而，嘴上說得容易，老毛病卻不是說改就改。

後來他在竹村的建議下，參加日之初太陽之家的新生活教育營。幸泰回想：「我本來是不想去的。因為那個地方鳥不生蛋，而且又沒有動畫可看、沒有電動可打，還不能上網，簡直就是孤島嘛。不過，祐貴去了以後判若兩人，我不免有一些心動。」

於是，幸泰也參加一趟四天三夜的教育營。行程與祐貴無異，體驗前所未有的人生經驗。第一天與身障學員一起活動。第二天幫忙接待橫田基地美國學校的高中生，體驗忍者道場，同時採收地球農園的玉米筍與馬鈴薯。第三天幫忙接待企業志工與武士之家的忍者體驗。第四天送完企業志工以後，搭車前來協會報到。

幸泰表示，四天三夜的教育營中，讓他印象最深刻的是與身障者的交流。他說：「我當時陪著他們看電影，場面幾乎完全失控，有些人看也不看，有些人則是自言自語講個不停。我印象最深刻的是一個女人，從頭到尾站在門旁，樂此不疲的把門開了又關，關了又開。而且她對我似乎頗有好感，始終握著我的手不放。我當時就想，或許就是她的溝通方式。」

除此之外，幸泰還在部落格抒發當時的心情：

「第三天夜晚，久保田邀我與友人A一起用餐。聽說那位友人的夫人有輕度智能障礙，以下為友人A轉述的對話。

友人A某天吃中飯時，他老婆說：『剛剛那個紫色的葫蘆真的很好吃喔！』

友人A便問：『蛤？紫色的葫蘆？』

後來友人A就想：『她說的紫色葫蘆應該是茄子。一般人聽到紫色葫蘆，一定聽不懂她在說些什麼。不過這就是她獨特的表現方式吧。由此可見，智能障礙者也是可以辨別的！』

能聽到友人分享這樣的故事，我真的覺得很幸福。」（摘自部落格）

幸泰或許從未與智能障礙者接觸過。在他六月分參加教育營以後，七月與八月又去那裡當志工。

後來他如此解釋：

「八月左右，有一群接受政府保護的受虐兒來參觀忍者道場。雖然全部都是小學生，但大家玩得很開心，他們緊緊跟在我身邊，可愛得不得了。後來，領隊的老師來跟我致謝，表示他們那裡也收容高中生，問我能不能提供一些出路的建議。老實說，我都沒想到自己竟然還能以身作則，當下既高興又覺得驕傲。志工的服務讓我開拓視野與價值觀。我本來就想報考醫學院。因此就想透過志工服務，來看看自己是不是當醫師的料。」

幸泰這次的行程是偷偷去的，誰也沒說。回來以後被竹村罵到臭頭：「你知不知道馬上就要大考了？你還到處亂跑？當志工當然很好啊，不過也該通知我們一聲，分一下輕重緩急吧！」（其中詳情請參閱第七章之說明，第二三四頁）。

7. 不一定要聽父母的話，但要肯定自我

不論如何，這些孩子透過志工服務，為社會貢獻一己之力以後，不但找到了自己的價值與人生目標，更能勇往直前。

例如，幸泰就是因此再也不翹課，並且用功讀書。

除此之外，教育營最大的功效莫過於養成規律生活。幸泰自己都說：「我以前總是賴床，一般都要睡到日上三竿，下午四點才去支援學校（本協會）報到。自從去了教育營以後，再怎麼晚睡，早上九點以前一定會起床。而且非吃早餐不可，一整天都精神飽滿。」

如同前面的介紹，實習生的職務，日之初太陽之家的新生活教育營，或回饋社會的機會，都是拯救拒學症與繭居兒的最後階段。最重要的是，還能預防孩子再次繭居。

只要為社會與大眾貢獻一己之力，必定獲得相對的信賴與肯定，進而建立自信。除此之外，還能開拓視野，認清自己的心之所向，努力讀書或認真工作，打造美好的將來。

拒學症與繭居兒的最大特色就是**欠缺自我肯定**。自小不是對父母言聽計從，就是家長對孩子過度保護。因此，從小到大很少有成就感。

俗話云：「父母之愛子，必為之計深遠」，換成白話，就是家長應該避免指手畫腳，而是讓子女自己練習獨立。孩子在跌跌撞撞中，如此才能肯定自我與建立自信。

話雖如此，拒學症或繭居兒的孩子大多缺乏歷練與自信。因此，為社會大眾貢獻一己之力，便成為他們千載難逢的救贖，與自我肯定的良機。

第七章

繭居是一種病？網路成癮、沉迷電玩的關鍵對策

1. 憂鬱、焦慮、思覺失調……小心孩子成了藥罐子

前面介紹的拒學症與繭居兒中，不論是從此一蹶不振，或成功脫離繭居，通常來自於家庭因素。然而，近年來卻有不少家長拿著醫院開立的「起立性調節障礙」（Orthostatic Dysregulation，簡稱O・D）、「發展性障礙」（Developmental Disability）與憂鬱症等診斷書前來諮詢。過去來找我們輔導的學生中，在一些孩子身上也看得到這些症狀。本協會因為不是醫療機關，無法給予醫學上的建議。然而，根據我多年來的經驗，倒是可以和大家分享一下個人的淺見。

所謂起立性調節障礙，是由於自律神經的異常，導致循環器官失調，於是產生頭昏腦脹、睡不飽、倦怠感或偏頭痛等症狀，且好發於小學高年級、國中生或高中生。根據日本小兒身心醫學會的統計，拒學症學童中，三〇％至四〇％都有起立性調節障礙的徵兆。

不少家長就是因為子女有此症狀，導致上學經常遲到，最後不是不肯上學，就是申請退學，因此來本協會尋求協助。

這些學生因為身體不適，常常早上起不來，不過如果是學校舉辦校外教學或滑雪之旅之類的，遲到的情況就會大幅減少。

根據我長年的經驗，有這類症狀的孩子只要本身有明確的人生目標，並了解早起規律生活的意義，便無須家長緊迫盯人，就能自動自發的上下學。而且，**眩暈的症狀大概在二十歲左右就自然而癒**。

此外，近年來，也有不少家長因為子女患有發展性障礙而來本協會諮詢，如泛自閉症光譜（Autism Spectrum Disorder）、廣泛性發展障礙（Pervasive Developmental Disorder，又稱社交障礙）、學習障礙、注意力不足過動症（Attention deficit hyperactivity disorder）與其他類似腦功能障礙。

對於這些個案，我們基本上一視同仁，不過是在指導時特別留心而已。我們將這些孩子視為獨立的個體，尊重他們的個性，以平常心對待。若戴上有色眼鏡，特別去照顧的話，反而容易使他們的症狀越加嚴重。發展性障礙是這十年來才廣為人知的名詞，過去在社會大眾眼中，這些孩子往往被認為性格比較獨特。不過，我們也不會因此而以有色眼光去看待他們，因為一樣米養百樣人，而且輔導時也不見得特別棘手或困擾。這些特殊的孩子也能像其他個案一樣，脫離自我封閉的狀態。

唯一的問題是，一般學生因為拒學症而申請退學，或轉學的時候，校方大多會要求家長提交診斷證明書。家長在毫無頭緒的情況下，通常會帶孩子就近看診。但由於身心方面的疾病屬於精神科的範疇，多少會讓人有抗拒心態，因此現在一般稱作心身醫學科。某些醫院甚至在官網上介紹，本院之心身醫學科專治拒學症、繭居兒，與青少年心理衛生門診。因此，才會有不少家長帶子女到心身醫學科看病。

對於這些前來就診的孩子，醫生的診斷不外乎是憂鬱症、焦慮症、適應障礙症（按：指的是壓力反應，在遭遇壓力源後的三個月內出現的情緒或行為症狀）、思覺失調症（按：思考、情緒、知覺、行為等多方面障礙的疾病）或自律神經失調等，因而開立抗精神病藥物讓孩子服用。

一般來說，其他醫科遇到A藥物不見功效的時候，醫生大多改用B藥物讓病人試試效果。然而，精神科或心身醫學科卻是A藥物無效的話，另外再添加B藥物。

倘若仍然不見好轉，就會再加一劑C藥物。這類抗精神病藥物的濫用已引發社會問題。日本厚生勞動省為了遏止這股歪風，已於二〇一八年針對多種藥劑的處方修訂給付比例，並提高藥費的自我負擔（參照二〇一八年厚生勞動省告示第四十三號「診療報酬計算方式之部分修訂」）。然而，政府雖然祭出提高額負擔的對策，但醫生只要提出相關報告，仍可開立一種以上的藥劑給患者服用。

雖然不是每位醫生都將病人當成藥罐子，不過藥物濫用確實已成為社會問題。

2. 真痛還是裝病？父母要避免情緒性發言

由於醫學並非筆者的專業，因此不便多做評論，不過根據學生的轉述，我對單靠藥物的治療方法確實是有質疑的。

例如第六章所介紹的，祐貴就是透過新生活教育營，脫離封閉狀態，而非靠服用藥物。

祐貴不肯上學的頭一個星期，母親曾向學校輔導室諮詢。當時心理諮詢師建議祐貴去心身醫學科就診。第二個星期，母親即依照諮詢師的建議，帶他去醫院看病。醫生當場診斷祐貴罹患憂鬱症與社交焦慮症，而且有自殺傾向，必須馬上安排住院。他在醫院住了一個月以後回家休養，每天服用三種抗精神病藥物。

之後，祐貴因為留級，四月起便又從高一讀起。上不到幾天課，他就說：「我不想待在教室，壓力好大……。」於是醫生又加開其他藥劑。

後來祐貴說：「每次吃完藥就頭昏腦脹，好像身體不是自己的，很不舒服。」他也問過主治醫師，能否外出時才服用，醫師卻說：「一旦擅自停藥，症狀就會時好時壞，你還是按時服用比較保險。」因此，即使服用了以後不舒服，他還是繼續吃下去。直到某天，打工時的夥伴問他：「你那個藥到底有沒有效啊？沒效的話，吃好玩的啊。」他聽了以後才恍然大悟。

「我覺得他說得很對，所以就不再吃藥，也不去醫院回診。沒想到如此一來，反而不再整天渾渾噩噩，整個人清爽許多。」

之後，如同第六章的說明，祐貴在痛定思痛以後，決定奮發向上。他在五月停止服藥以後，便在我們的建議下，擔任實習生。而他也不負眾望，不論是主持活動、負責簡報或準備資料等，都表現得極其亮眼。

關於拒學症或繭居兒的輔導方法，至今尚無定論，每位專家都有自己的見解。然而，我個人以為青少年之所以**抗拒校園生活**，或將自己關在家裡，**並非都是因為身心出現問題**。與其藉用藥物揚湯止沸，我還是認為，只要這些孩子認清自己的心之所向，訂定人生目標並勇往直前，就不用當個藥罐子，那些林林總總的毛病也能自然痊癒（按：精神病的藥物治療通常需要較長時間，建議仍須諮詢專業醫師）。

一些家長看到此處，或許會心想：「原來孩子每天不是頭痛，就是肚子痛，都是裝出來的啊。」其實，我們也不能就此妄下定論，有時候孩子喊痛是真的身體不舒服，而非裝神弄鬼。但是，父母也無法得知，孩子是因為躲懶而起不來，還是當真身體不適。

這個時候，最忌諱家長無心的一句：「你就是不想去上課，對吧？」或者「有這麼嚴重嗎？快點，背好書包就趕快出門。」事實上，這些**情緒性的發言都是管教子女的禁忌**。一旦說出口，便會造成親子間出現裂痕。當家長整天對孩子疑心疑鬼時，做孩子的當然將家長視為陌生人。對於這些孩子而言，反正怎麼解釋父母也不會相信，因此只能把反抗作為情緒宣洩的出口。

另一方面，有時候孩子是真的身體不舒服，這個時候父母如果總是用物質（如漫畫或漢堡）等安撫的話，反而讓子女有予取予求的機會。

事實上，當社工與學員熟了以後，不少人承認：「老實說，那個時候我根本沒生病，都是裝的。」

對於父母而言，這或許是一種兩難。因為孩子說什麼就信什麼的話，他們就不將父母一回事。不過，我卻以為，怎樣總比對子女疑心疑鬼來的好。只不過所謂當局者迷，旁觀者清。這個分際的拿捏對於親人來說並不容易，有時得借助他人之力才行。話說回來，本協會自設立以來，輔導過成千上萬學生，誰真的不舒服，誰又是在躲懶，還是能分辨一二的。

不過，若是換成親子關係，難免因流於情緒，而失去判斷的準則，最理想的方法，就是讓第三方來說公道話。

3. 逃避不可恥，這是自我防衛機制

不少拒學症或繭居兒被家長帶去醫院求診的時候，會被醫生診斷為身心失調。姑且不論身心失調的病因為何，其實只要改變環境，幫助孩子找到自己真正想做的事，即使不服用藥物，也能自然痊癒。

除此之外，**拒學症與繭居兒的自我防衛機制**（Self-defense Mechanism）**也比一般孩子來的強烈**。

自我防衛機制是心理學家西格蒙德．弗洛伊德（Sigmund Freud）所創立的名詞，指人類因為外界的環境或身心變化，為了保護自己，所產生的自我防衛機制，以減少不安、恐懼、欲求或衝動等反應。

各位讀者還記得幸泰偷偷跑去日之初太陽之家當志工，卻被竹村罵得狗血淋頭的例子嗎？因為眼看著馬上就是十月的大學甄選考試，幸泰卻在八月偷跑去當志工。做志工當然無可厚非，然而他卻推託：「我不過想確認一下，自己是不是當醫生的料。」

其實，幸泰是因為大考在即，數學成績卻未見起色，才想臨陣脫逃，把志工當作逃避的藉口。我們雖然不是故意為難幸泰，不過總得有人給他一記當頭棒喝。更何況為了他的將來著想，我們也不能坐視不管。所以，竹村才會大發雷霆。後來，幸泰痛哭：「我雖然告訴自己，去做志工都是為了確認自己是不是適合當醫生，不過我也知道數學本來就是我的強項，可是都要考試了，成績卻怎麼也不見起色，所以才想放棄不讀了。」

由以上的案例可知，拒學症與繭居兒在定力不足的時候，習慣幫自己找一些似是而非的說詞。一旦這些冠冕堂皇的藉口遭到家長反駁，他們便如刺蝟般強烈反抗，導致親子間劍拔弩張。這個時候，更需要孩子信任的第三者從中協調。

4. 電玩不可怕，是親子必備溝通管道

接下來，讓我們來看一看家長最關心的電玩與手機的問題。

十之八九的家長，一聽到電玩或手機便如臨大敵，事實上只要不影響日常作息，電玩或手機對於成長中的孩童並無大礙。我從未碰過電玩，所以不知箇中滋味。然而，在年輕社工或實習生，**與繭居兒建立互信的過程中，電玩可是必備的溝通管道**。

例如，面對那些好不容易才來教室上課的學生，社工可以利用休息時間，藉由電動遊戲，製造聊天的話題。特別是最近的電玩流行團體戰，組隊對抗更是加深情誼的絕佳良機。因此，與其將電玩視為洪水猛獸，不讓孩子玩，倒不如發揮寓教於樂的功能。

除此之外，近年來因為「電子競技」（e-ports）的興起，電玩被視為運動項目

之一。除了日本或其他各國以外，二〇二二年亞洲運動會已把電競納入正式比賽項目。而二〇二四年的巴黎奧運同時也將之納入賽程。

二〇一八年，每日新聞報社舉辦首屆「日本高中電子競技大賽」。本協會因此特地成立電競社團，為參加難得的盛會而摩拳擦掌。緊接著的二〇一九年當然也不缺席。

事實上，本協會的學員中，不少人就因為喜歡打電動，而嚮往成為職業玩家。如此難得的機會，正好讓他們上場歷練。話說回來，本協會的竹村可是打遍天下無敵手。

學員們與竹村對戰以後，就知道現實與夢想還是有一段距離，職業玩家並非想像中的簡單。甚至有人說：「唉，我覺得去大學讀書還輕鬆一點。」當他們知道人上有人，天上有天以後，就能夠腳踏實地的，找一條真正適合自己走的道路。

然而，即使子女有心在電競比賽上揚眉吐氣，做家長的也必須嚴防他們沒天沒夜的猛打電動，以免日夜顛倒，亂了生活作息。

為了避免學生沉迷於電玩，我們總是與學生開誠布公，訂定一個雙方都能接受的遊戲規則。最重要的是，與孩子一起討論今後的人生目標。當他們發現天地之大，除了電玩以外，還有其他更好玩的事，自然就沒有沉迷的顧慮。

5. 管小孩不是防賊，訂的規則要他能做得到

讓我們回顧第五章介紹的翔大，他也曾整天窩在房裡打手機遊戲。可是在實習生敦也的諄諄勸誘與約法三章下，逐漸拉長手機的保管時間。現在只要他肯來教室報到，便將手機還他。這個遊戲規則有事先取得他本人的同意，因此不會大吵大鬧，而是老老實實的遵守約定。

除此之外，家長只要肯與子女開誠布公，**訂定他們做得到的規則**，也不乏約束效果。例如，只要孩子每天來本協會報到，乖乖去補習班上課，為報考大學而用功讀書的話，回家以後就將手機還他。此時的電動遊戲對於孩子來說，就像辛勞一天以後的小小犒勞。當孩子知道現階段的目標是報考大學以後，便會老老實實的遵守遊戲規則。

第六章也曾提過，祐貴在參加新生活教育營的時候，將手機交由社工保管。這

幾天他沒有手機照樣也可以生活，由此可見，所謂沉迷電玩，其實只是因為孩子無事可做。

其他像是打工，或者遇到什麼不得不做的事情，自然就沒有打電動的閒暇時間。接下來讓我們看一看，元哉如何透過打工，杜絕沉迷電玩的習性。

〔元哉〕避免沉迷電玩的前提

十七歲，就讀函授高中。順利考上某所私立完全中學，因跟不上進度，升上高中以後便申請退學。在歷經一段日夜顛倒、沉迷於電玩的繭居生活以後，總算恢復正常生活。

元哉小學畢業以後，雖然考上某所直升私立完全中學，卻因為自小太過用功的緣故，國一便出現工作倦怠症，完全不想讀書。升上國二以後，英語、數學與國文等三項主要科目更是滿江紅，成績自此越來越差。即便如此，因為九年國民義務教育的規定，他還是順利從國中畢業。

然而，升上高中以後，由於學校並未提供課業輔導，所以元哉的功課始終墊底，而且在不知不覺中，整日與電動遊戲為伍。每天下課以後，他與班上同學對戰到晚上十二點；待同學睡了以後，接著又與其他網友對戰到凌晨五點。如此一來，當然沒有精神與體力上學。

剛開始，即使元哉打了一整個晚上的電動，一大早還是會乖乖上學。不過，日子一久就力不從心，於是從不想上學，到不肯上學，最後只好以退學收場。

元哉被家長帶來本協會諮詢的時候，眼神空洞，聲音小到跟蚊子似的，整個人畏畏縮縮。即使後來成為學員，也改不了沉迷電玩的毛病。每天都是打電動打到凌晨五點，再睡到日上三竿。因此，總是要勞煩社工竹村與實習生敦也去他們家接人。

好在，社工的幾次往返，讓元哉逐漸卸下心防。再加上一次箱根之旅，讓他結交不少同齡層的朋友。自此，協會辦的每一場活動，總是看得到他的身影。然而，他還是戒不掉徹夜打電動，早上總是起不來床。因此，好長一段時間都要靠敦也去家裡找人，即使來教室報到往往也已是傍晚時分。

有一次，元哉想換電腦，我們便建議他外出打工。於是，元哉找了一家餐廳，一個星期去個三、四次，上完課以後，從下午四點忙到晚上九點半。結果，打工讓他一回到家倒頭便睡，根本沒有時間打電動。之後，無須旁人的三催四請，他一大早便自動醒來。

多虧打工的機會讓他不再沉迷電玩，而且也能按時上學。

元哉正常上學以後，逐漸與班上同學打成一片，自此不用人催，就能自動自發的來支援學校報到。只有在休息時間打打電玩，或是回家以後再跟電競社的同學對戰而已。元哉原本就是電動高手，與其一個人悶頭苦打，和朋友一起玩更加開心、有趣。再加上電競社規定十點過後便須熄燈消戰，因此也不怕學員沉迷於電動而徹夜不眠。

最近，元哉還當上學生會長，展現領導才能，總是以身作則，帶動大家的士氣。雖然電動仍是他的最愛，不過卻徹底改掉了上課遲到的毛病。對照他剛來的時候，現在的他簡直換了一個人似的。

透過元哉的案例可知，幫助繭居兒改掉沉迷電玩的重點，在於讓他們了解世上還有其他該做，或者他們想做的事，同時開誠布公的與孩子**達成共識，訂定他們做得到的遊戲規則**。此時家長不宜過分嚴苛，以免出現反效果。只要不影響日常生活作息，不妨適度放寬規定。

事實上，與其防賊般的嚴陣以待，適度的容忍，反而有助於孩子不再沉迷於電玩或手機。

第八章

避免再度社會退縮，需要長期關照

1. 讓第三方介入，父母不孤單

經過前面的案例與解說，想必讀者已能理解，不論是幫助繭居兒脫離困境、決定今後出路，或者一改沉迷電玩、手機的惡習，都需要借助值得信賴的第三者居中協調。

話說回來，所謂信賴關係該如何建立？其實不難，就是讓孩子們像學長學弟般，打成一片。我在當家教的時候，就時常帶著學生去外面吃吃飯、打打球什麼的，感情如兄似弟般的融洽。年紀大了以後，改由年輕社工接手，用同樣的方式與學員建立情誼。

接下來，就以龍馬為例，看一看竹村是如何獲得他的信任。

如同第四章介紹的，龍馬是在父親強迫下，來本協會諮詢的。我還記得當天他蓬頭垢面、穿著邋遢，戴著耳機漫不經心的模樣。當他決定洗心革面，就讀函授高中以後，便將儀容整理得乾乾淨淨，來本協會的支援學校上課。

龍馬回顧當時，感嘆的說：「我剛去的時候，有一次跟班上的同學說加油喔，可是他卻看也不看我一眼，其他同學也是一副要死不活的樣子。我回家就跟媽媽抱怨，那裡好無聊。」

其實，支援學校四月才開學，學生人數不僅不多，而且大家都還不熟悉，當然無法跟一般校園生活相比。後來，當他知道那位同學也喜歡輕小說以後，兩個人就越走越近，成為好朋友。班上的氣氛也漸漸熱絡起來。

數學是龍馬的強項，高一的小考幾乎每次都拿一百分。不過，英文卻差了十萬八千里，連「狗」的英文拼音，他也能將 Dog 寫成 Bog。於是，竹村決定替他進行英語特訓。竹村精心設計的問答式教法既有趣又不枯燥，讓龍馬漸漸對英文感興趣。

竹村回想當時的情景說：「龍馬的個性就是不服輸，他總想著輸人不輸陣，尤其是輸給那些年紀比他小的人，多沒面子啊。所以，才拚命學習。但也多虧他這股幹勁，總算將英文基礎補了回來。」

這份革命感情讓龍馬與竹村的友誼瞬間升溫，連午餐都一起吃。

竹村說：「龍馬是個繭居兒，當我知道他從未與同學去過薩利亞（Saizeriya，日本最受學生歡迎的義大利平價餐廳），或松屋（牛肉蓋飯連鎖店）的時候，真的很不可置信。自此以後，我就帶他吃遍平價美食或各大連鎖餐廳。他連一般高中生常去的遊戲中心或卡拉OK也沒去過，所以下課以後、我偶而也帶他到處逛逛。」

此外，龍馬的LINE好友只有媽媽，竹村有幸成為第一個加入的外人。有一次他分享繭居經驗，說到玩個大富翁還得一個人分飾四角的時候，惹得大家一陣爆笑，笑得東倒西歪。

竹村說：「我記得一開始找他出去，他總是說：『沒興趣，我還是回家算了，』不然就是：『我想在家打電動。』直到我趁著放假，硬拉他去逛校園祭，才拉近彼此的距離。」

秋天以後，龍馬不再那麼拘謹，開始與其他同學說一些：「欸，好想交個女朋友喔」之類的話題。不過，他窩居在家的時日不短，而且整天沉迷於漫畫與電玩，根本不知道如何與女孩子搭訕。於是，竹村就帶著他與其他男同學，去女子高中的校園祭開開眼界。

在大家出發之前，竹村還給龍馬來個形象改造。龍馬不管是眼鏡或背包，都是從小學用到現在，而且穿來穿去就是運動服。因此，竹村便帶他去GU（優衣庫的副牌），從外套、襯衫、長褲到運動鞋，徹頭徹尾的重新改造。連背包也換成有品牌的時髦款項。接著，還帶他去時下的百元理髮廳，體驗有生以來的理髮經驗。龍馬便在竹村的魔棒下，搖身一變，且與一般高中生無異。

逛完女子高中的校園祭以後，竹村又拉隊去大學開開眼界。除了見證多采多姿的大學生活以外，還安排建設公司與包裝器材工廠的參訪。透過現場高畢生的就業辛苦談，讓學員思索未來的出路。龍馬親眼看過升學與就業的差別以後，開始將報考大學納入選項。

如果不是竹村的不離不棄，將心比心，就無法獲得龍馬的信賴，進而幫助他脫離繭居的困境。不過話說回來，讀書終究需當事人親力親為，無法找人代打。因此，在這些孩子們獨當一面以前，還是要有人從旁督促與關照。

2. 打破學年制的迷思，不要再有第二次

除此之外，同輩或學長學弟間的關係也極為重要。例如本協會的支援學校，就沒有所謂的**學年制**。高一到高三的學員同處一室，可說是本協會的教學特色之一。因為有了學年區分，這些孩子不免在同一個起跑點上相互較勁，很容易以成績優劣來論高低。

如此一來，難保他們因自尊心受挫而失去自信。但如果只是長幼有序，學長的一言一行，就能成為學弟的借鏡。例如，某位學長因為英文不好而吃虧時，學弟們便心生警惕：「不會英語還是不行，多少學一點吧。」於是，不用師長督促，大家也會用功學習。

接下來，就以翔大為例，探討打破學年制的隔閡以後，對繭居兒的影響。

〔翔大〕不分年紀，讓孩子互相學習

就讀國中二年級。四月剛升上國中，五月的黃金週過後便窩居家中，不肯上學。社工夏天首次家訪，直至十二月總算讓翔大願意踏出家門。升上國二以後，幾乎每天都會來教室報到，為報考高中而埋頭苦讀。

翔大窩居家中的時候，曾拿三把空氣槍與父母對峙。後來，實習生敦也費盡九牛二虎之力取得他的信任以後，翔大便開始來本協會的支援學校上課。

剛開始除了敦也以外，他對旁人一概不聞不理。直到某天，敦也跟其他高中生買了個蛋糕幫他慶生，他才在大家的祝福下，逐漸卸下心防，與其他同學打成一片。

比起同年齡的孩子，他與學長的關係更加融洽。而且自此以後，只要有活動，他從不缺席。當他看到高三的學長為了大學考試焦頭爛額的模樣，再加上學長們都勸說：「小老弟，趁著現在趕緊用功啊，不要像我們一樣臨時抱佛腳！」他當真奮發向上，努力讀書。

翔大升上國一沒多久，便窩居家中，因此英語只能從基礎學起。然而，僅僅半年的時間，他就將國一的課程學個精透，緊接著進入國二的課程。為了報考全日制高中，其他數學、國文、理科或社會等科目，也同樣上緊發條的埋頭苦讀。

繭居兒只要充分信賴師長與社工，與同學或學長相處融洽，懂得貢獻一己之力，回饋社會，自然而然就能脫離窩居家中的困境。同時，鎖定人生目標，昂首闊步向前邁進。

不要再有第二次繭居

話說回來，繭居兒畢竟有過一段不如意的經驗，因此需要有人從旁細心照看。即使他們出了社會自食其力，或者享受大學的校園生活，仍需**後續的關照**。

根據文科省的調查顯示，大學生中請退學的比例逐年升高。其中，退學者占二・六五%，休學者占二・三%。若兩者相加，代表**每二十名大學生就有一人退學或休學**（摘自二〇一四年九月文部科學省發表的「退學與休學等之就讀狀況」）。

事實上，不少拒學症或繭居兒在成功跳脫封閉狀態，上了大學以後，卻重演不肯上學的戲碼。因為就讀函授高中時，無須每日去學校報到，一旦上了大學自然無法適應實際的校園生活。這也就是我在前面篇章所說的，同樣是全日制函授高中，每天去支援學校報到，對於拒學症與繭居兒的重要性。

另外，如果忽視學生的適性，僅憑偏差值作為系所的選擇標準，一旦覺得不適合，自然容易打退堂鼓。這種挫折極有可能成為他們自暴自棄的原因，重蹈覆轍。因此，選擇系所的時候，應先認清自己的興趣所在，與應該加強的學習領域。試想，一般學子在選擇系所時都不該輕率魯莽，拒學症與繭居兒更應考慮再三。

為了防範拒學症與繭居兒重蹈覆轍，因此本協會研擬出各種因應對策。例如考上大學的學員可以來協會實習，已經在工作的學員則安排他們擔任志工，回饋社會。透過這種連結便可持續跟催學員的進展。他們已無須社工每日緊盯，只需定期來協會報到，或偶而露個面即可。

除此之外，成年人在退休以後，也容易躲在家裡，足不出戶。事實上，任何人即使年少時不曾拒學或繭居，一旦賦閒在家，與社會脫節，自然整日在家中唉聲嘆氣。試想一般人尚且如此，何況繭居族呢？他們更需親朋好友的關心，與提供發揮所長的機會。

前面介紹的龍馬雖然洗心革面，考上一流學府。他母親卻時時提心吊膽，生怕大學新鮮人的他哪天又不讀書。為了讓他母親不再擔心受怕，我們便安排龍馬來本協會當小老師，教導學弟學妹功課。我們與龍馬的革命情誼非一朝一夕，因此往往一通電話，他二話不說便前來支援。唯有長年累月與不離不棄的跟催，才能隨時掌握這些孩子的煩惱，或者重蹈覆轍的徵兆，儘早擬訂對策，防範於未然。

例如第六章介紹的祐貴，雖然透過新生活教育營成功脫離從第二次的繭居生活，後來還成為本協會的生力軍。然而，我們仍然隨時追蹤他的狀況。例如讓他來我家裡接受新生訓練，閱讀《高效人士的七個習慣》（*The seven habits of highly effective people*，史蒂芬．柯維〔Stephen R. Covey〕著，天下文化出版），或訂定任務聲明（Mission Statement）等。透過具體的目標，誘導他將理想化為行動。

祐貴目前雖然是本協會的社工，但不論今後他是否另謀高就，我們仍然會安排他透過社會服務，貢獻一己之力，同時不離不棄的關心與照看。

結語
拒學症並非精神病，剖析繭居兒背後的心理

如同前面篇章的介紹，透過年齡相仿的第三者（如本協會的高中實習生等年輕社工）居中協調，與拒學症、繭居兒暨其家長，建立在深厚的信賴關係。同時依照以下三大步驟：

①培養規律生活。

②建立自信與自律。

③貢獻一己之力，回饋社會。

按部就班的耐心執行，幾乎九〇%以上的拒學症或繭居兒都能成功治癒。

遺憾的是，其中也不乏未能澈底執行的失敗案例。

例如小哲（假名）國中三年每天補習，順利考上某所明星高中。然而，高一上到一半卻突然不想去學校，於是父母便來本協會尋求協助。經過懇談以後，我們建議他先考高中學力鑑定考試，再遠赴海外繼續課業。他在國外的時候，還曾寫信來報平安，讓我們鬆了一口氣。

沒想到過了一兩年，他的父母又前來求救。

聽說他剛去國外的時候，一切還算順利。可是過不了幾日，他便故態復萌，整日曠課。因此只好打道回府。之後，他窩在家裡時不時喊著「不想活了」，還出現自殘的行為。於是，父母將他送進精神病院暫時療養。沒想到他在住院期間，竟然持刀刺殺護士。

根據醫院的紀錄，當時他服用的抗精神病藥物劑量頗多。然而，醫院卻對他的身心狀況，未能嚴加防範，導致讓他溜去雜貨店買了一把小刀，犯下難以彌補的罪行。他在遭到檢方起訴時，父母親心急的拜託我出庭作證。

我個人以為，家長對於醫院的過度信任，以及我誤判小哲在國外適應良好，同時缺乏長期跟催與照料等，都是引發這場悲劇的原因。我在接到通知時，小哲已鑄下大錯，無能為力的我，當時只能深深的悔恨與惋惜。

以前，我對於憂鬱症或思覺失調症等，也覺得醫師的診斷有一定的公信力，但這起意外的發生，讓我就此改觀。

我與日本的漢方現役醫師內海聰醫師曾經舉辦過一場座談，主題是「傾聽孩子的心聲！拒學症並非精神病」。當時，引起聽眾極大的迴響。我雖然不是醫生，無法就醫學觀點發表已見。但事實上，不少醫師也認為抗精神病藥物的開立應該更加謹慎。有病就醫原本無可厚非，不過醫生說什麼都言聽計從的話，絕對值得商榷。

除此之外，小哲之所以無法適應海外的留學生活，應當與他當初選擇高中學力鑑定考試，而不用每天到支援學校報到有關。因此，欠缺每天準時上學的自律。

除此之外，還有一件未能及時拯救，讓我至今未能釋懷的失敗個案。

小華（假名）從小與父親相依為命。國小二年級起便不肯去學校上課，自此在家裡窩了十年之久。十八歲的時候，父親帶他來本協會諮詢，隨後他選擇就讀函授高中，同時在本協會的支援學校上課。起初四月到十月，他還每天報到。不料十一月起，請假的天數日漸增多。到了十二月更是自行放寒假。

這段期間，社工透過電話與父親維持聯絡，隨時跟催小華的狀況。社工當時研判，父子之間並非形同陌路，生活習慣也不至於太糟糕，唯一的缺點就是不肯踏出家門一步。因此以為小華畢竟在家裡窩居十年，一下子要他每天出門上學，或許壓力太大。在取得父親的同意下，決定讓他喘口氣，過了寒假以後，如果情況不見改善，再來想辦法。

沒想到他卻在新學期的前一天，持刀手刃父親。根據新聞報導，他父親只不過說了一句：「明天就要上學了，加油喔。」他卻拿把菜刀從背後將父親亂刀砍死。而且，他早在網路上預告他的殺人計畫。他字裡行間充滿對父親的怨恨，一心以為只要結束父親的生命，自己就能從此得到救贖。

至今我仍然不清楚事情的來龍去脈。他進入少年監獄服刑不到一、兩個月，我便接到刑警與律師通知他獄中身亡的消息。據警方表示不是自殺，但到底為何身故，至今仍然得不到明確的回覆。

我總是深自悔恨，為什麼十一月沒去做家訪，確認一下他的狀況。而且，當時應該與父親面對面的詳談，而不是僅憑電話聯繫。

這個意外督促我更不能對拒學症或繭居兒掉以輕心，同時堅信早期發現，早期治療。最重要的是，因應情況所需，採取緊急措施。

例如前言中提及的川崎隨機砍人，與前常務次長的人倫悲劇。如果能夠儘早採取對策，或許就能遏止這些悲劇的發生。

三十幾年來，我一直致力於輔導拒學症與繭居的學童重新站起。雖然不少孩子因此而養成自律的精神，可惜的是也不乏慘痛的失敗結果。因此，我才深刻體會拒學症與繭居兒的問題實在刻不容緩，而且必須立即採取行動。

這些行動需要閱讀本書的家長們親力親為。唯有家長的真心對待，參照前面介紹的方法，按部就班的執行本協會的三大步驟，才可能協助子女重新來過。

同時，我也期待長年累積的專業知識能廣為宣傳，作為拒學症與繭居兒等諮詢機關或專家的參考。

我衷心期盼，今後將不再有莘莘學子窩居家中，與世隔絕。

最後，請容我介紹如何透過親身體驗，孕育出拯救拒學症與繭居兒的三步驟。

裝病念特殊學校，後來成為補教界名師

一切要從我還是小學生的時候說起。我從小學就不肯上學。當時還沒有什麼保健室，更不用說拒學症這名詞。每天一到學校，我就是躲在保健室裝病。父母因為覺得我身體不夠強壯，便在千葉縣找了一家住宿型的特殊學校。鄉下的新鮮空氣與早睡早起的生活，讓我從一個病懨懨的城市小孩，變得生龍活虎，並且改掉不肯上學的毛病。

話說那個年代，一個班級約有五十多名學生，但特殊學校的學生人數卻不到二十人。以目前的標準來看，幾乎可以說是一對一的個別指導。老師總是說：「有什麼不懂的話，都可以拿來問老師喔。」於是，我們就捧著課本這個也問，那個也問，直到我們懂了為止。

除此之外，我們也做一些國文或算數的練習題。我是小學四年級轉去的，長期以來在保健室躲懶，該學的都沒學會。於是，我便趁機補齊兩、三年級的課業。我記得老師每次都誇我：「我們杉浦好棒啊，都答對了耶。你看只要好好用功，每次

都是一百分。」老師的誇獎讓我越來越有自信。

老實說，那個年代的老師習慣拿著一把長尺，或劍道用的竹刀，在教室裡走來走去，製造緊張氣氛，嚇唬學生。因此，我們上起課來總是如驚弓之鳥，一點也不好玩。可是特殊學校卻是配合學生的程度，耐心的從頭教起。這種教法讓我功課進步神速。不只是我，其他同學也變得開朗活潑。

剛來不久的時候，有些小朋友因為離開父母而哭哭啼啼，有些小朋友則是耍脾氣、不肯吃學校的營養午餐。不過，隨著功課逐漸好轉，越來越有自信以後，再怎麼彆扭的孩子也如小太陽般開朗。

這個經驗讓我深深感受到，個別指導不僅有利於課業的突飛猛進，對於孩童的心靈成長尤其重要。

高中學業以後，我遠赴美國就讀當地的大學。回國後，因為有感於小時的親身經驗，便開了一家補習班，專收拒學症的孩子。

因為留美的關係，一開始我從英文家教做起，而且學生程度還都不差。直到有一次，遇到一位重考的中輟生。這個男孩子留著飛機頭，一副小太保的模樣。我從未教過這樣的學生，當時還想該如何是好？後來我想起特殊學校教我的：規律的生活，與打破砂鍋問到底的學習精神。

當時，正逢團塊的年輕世代（一九七一年至一九七四年。取自日本作家堺屋太一的著作「團塊世代」，指第二次世界大戰以後，一九四七到一九五年出生的嬰兒潮）報考高中的高峰期，因此競爭激烈。對於一些成績不佳，又想考上高中的學生而言，唯一的選擇就是透過學校推薦，報考單一志願的學校。

可惜的是，這小子因為與師長勢同水火，竟然連封推薦信也要不到。自此他的人生比一般孩子來的坎坷，於是走入歧途。看著求助無緣的他，我於心不忍。尤其想起自己小時候不肯上學的情景，更有同病相憐的感覺。

於是，我像個老母雞似的照顧這小子。從讀書的訣竅到人生的大道理，包山包海的傾囊相授。經過一年的努力，他終於如願以償的成為高中生。

後來，產經新聞根據家人的投稿，以「中輟生遲來的春天」為題，寫成一篇文情並茂的勵志故事。接著ＮＨＫ電視臺也前來採訪。產經新聞與ＮＨＫ的報導引起廣大迴響。除了東京、神奈川、千葉或者埼玉等鄰近縣市以外，連栃木縣或茨城縣也有學生慕名前來。曾幾何時，我竟然成為中輟生的救星。那個年代還沒有配合函授高中設立的支援學校。更不用說高中學力鑑定考試。因此，這些苦海沉浮的學子將我當成一盞明燈，以為只要跟我苦讀一年，便可考上高中。

我的家教時間基本上是早上十點到下午三點。不過，為了配合某些路途遙遠的學生，教到傍晚五、六點已是家常便飯。因此，下課以後，我總是帶著學生去吃拉麵，或者到處逛逛。一切的一切就像本協會社工現在所做的。事實上，這個教育模式就是那個時候奠定下來的。當彼此拉近距離以後，就不再是師生關係，反而像朋友般真心對待。這個動心起念正是形成我後來輔導繭居兒的契機。

我是在二十三、四歲的時候，也就是一九八八年左右開始幫學生補習。自此以後，學生便一個介紹一個的源源不斷。

來找我的學生大多是二次招生落榜的中輟生，或者退學的中離生。那個年代還沒有所謂的重考補習班，我一年內收的學生竟有一百名之多。剛開始大多是一些不愛讀書的小太保或小太妹。一九九一年以後，八〇%左右是完全中學的中輟生。

後來，多虧都立新宿山吹高中的崛起，讓我的補教事業突發猛進。這所學校創立於一九九一年，是日本首創的學分制高等學校。因為不同於一般高中的學年制，在任何高中留級的學生，只要轉去那所高中便可如期畢業，因此備受社會矚目。

當時錄取率高達二十到三十倍。排隊申請的人龍，長到需要NHK電視臺出動直升機拍攝。碰巧的是，我教的學生中有兩個人金榜題名。其實，他們兩個也沒有受過什麼特訓，只不過本來就是出身於完全中學，底子不錯罷了。除此之外，新宿山吹高中的評選標準，以筆試的成績為主，不注重學習評量表也是原因之一（目前學習評量表的比例已相對提高）。

從那一年起，想要報考新宿山吹高中的學生便紛紛慕名而來。特別是當時只有我的補習班備有題庫。光是考試前的講習，便聚集一百多名學生，而且報考的學生中，高達九〇％都如願中榜。

當時不像現在面試、筆試的分數一一公開。然而，我教出來的學生能有這樣的成績，足見我在教學方面的專業知識。

例如一些從大學附中退學，但其實聰明的學生也不一定考得上。經過我的抽絲剝繭發現，他們大多因溝通能力欠佳被扣分，例如面試的時候，欠缺自己介紹的技巧，或者小組討論時，不肯踴躍發言等。

換句話說，新宿山吹高中的教學方針，與我小時候在特殊學校學會的教育方法不謀而合。我一直堅信成功的教育絕對不是教會學生如何讀書，而是注重規律的日常生活，養成一定的溝通能力，以融入校園生活。而這一點正是我與山吹高中不謀而合之處。

這些因由讓我時常鼓勵學生去滑雪或露營。及至現今，鼓勵學生參加戶外活動仍是本協會的教學宗旨之一。剛開始還有家長質疑：「出去玩就能考上嗎？」我總是苦口婆心的解釋：「新宿山吹的考試中，有一項六人的小組討論。需要考生舉手發表自己的意見。您覺得你的孩子應付得來嗎？所以，我才希望透過課外活動，加強學生的溝通能力。」經過我這麼一說，家長才總算聽進去，而且學生們也都順利金榜題名。

為了提高學生的溝通能力，二〇一五年起，我更安排他們在日本知名居酒屋連鎖店「養老乃瀧」打工。

這些努力，讓越來越多的學生為了考上新宿山吹高中，而來我這裡報名。其中，不乏就讀私立完全中學，但因為功課跟不上，或者抗拒上學，導致出席日數不足，而留級或退學的中輟生或中離生。

然而，新宿山吹高中實在名氣太大，競爭過於激烈。即使出自我門下的學生，也不見得人人榜上有名。當我在替那些落榜的學生尋找出路時，偶而得知函授制的維茲青山學園高等學校。

把危機變轉機，加強人才管理

這所學校成立於二〇〇五年，是響應小泉純一郎內閣所推行的結構改革，透過教育特區所申請的學校。維茲青山學園的本校位於三重縣伊賀市。為了招募關東的學生，便詢問我是否願意合作，加盟東京的支援學校。當我解釋我的教學理念，與如何指導學生考上新宿山吹高中候補名額時，他們爽快的表示學校事宜由我全權處理。我為了幫考不上新宿山吹高中的學生找一個安身之所，決定於二〇〇六年與該校合作。

然而，沒過多久我就覺得苗頭不對。首先是二〇一四年，學生猝死宿舍的意外，二〇一五年，被踢爆喪失教師資格不法任教的醜聞。接著是高中就讀補助金的詐領疑雲。

二〇一五年秋季，其他支援學校的老師曾去總部視察，我們得到的資訊是管理制度依然疏鬆散漫。教育事業本來就費心耗力，更何況兼顧學生的住宿事宜。於是，我們便考慮不再續約，另尋其他合作對象。同時，幫學生申準備轉學手續。

沒想到短短幾個月，就在二〇一五年十二月八日爆發就學補助金的詐領醜聞。當時，我成為了各大媒體的訪問焦點。我們既然打著維茲青山學園「東京校園」的招牌，成為眾矢之的也不足為奇。我還記得當時位於東京都板橋的教室，每天有電視臺的採訪車駐守，不是成天盯著教室猛拍，就是追著學生訪問。我自己也曾被記者圍著問東問西，後來證明我與此事無關以後，我的採訪鏡頭便被撤下。

事實上，詐領補助金的是東京的四谷校園。他們專門找一些年收入低於三百五十萬（按：約新臺幣九十四萬五千元）的家庭，由學校代為申請並領取就學補助。同時，打出免除二十三萬七千六百元（按：約新臺幣六萬四千一百元）的學費，便可取得高中文憑的噱頭，吸引學生報名。他們的宣傳對象除了退學的中離生或中輟生等年輕學子以外，甚至吹噓年長者只需一年到學校出席個兩次，便能取得高中文憑。最後，四谷校園的幕後老闆被警方揪出，並以詐欺主謀的罪名入獄。而維茲青山學園則於二〇一七年三月底解散。

當時的情況過於混亂，不僅接家長的電話接到手軟，每個星期還得召開緊急說明會報告進度。雖然每天被家長追著罵：「到底是怎麼一回事？」但維茲總部卻始終音訊全無，如何收尾我們也毫無頭緒，甚至不能保證學員們是否能夠順利畢業。於是，學生一個接著一個的申請退學。四十五名學生剩下五個人，連教職員也全都鳥獸散。

當時不離不棄的只有大倉與竹村兩位實習生。後來，他們兩人進入本協會成為社工。

即使外面風風雨雨，自始至終肯追隨我的，就是本書中所介紹的龍馬等幾名學生及其家長。我依然記得他們說：「老師，不要怕，我們相信您。」他們的信任與情誼，讓我至今感動不已。

除此之外，正當我焦頭爛額，想著該如何重新奮起的時候，遇到一位貴人。他就是我的多年至交太田茂律師。他在得知我的補習班，因為這件醜聞經營不下去的時候，早已幫我疏通人脈。

有一次，他邀我去一個尾牙聚會，當時出席的還有LEC東京Legal Mind的反町雄彥董事長，與法人事業總部的原田陽介常務理事。他們兩人因為讀過拙作《高中生的退學實態》，便問我：「我們多少知道是怎麼一回事，不過，你應該是清白的吧？」我斬釘截鐵的保證：「我一向行得端、坐得正，絕對不可能做這種事。」或許是我的誠意所致，他們如及時雨般伸出援手：「我們LEC的新宿學園還有幾間教室空著，就借給你用吧。」我在走投無路下，竟然柳暗花明又一村，找到教學空間。

那個教室位於新宿L摩天大樓的十八樓。過完年後的二〇一六年二月，我與大倉與竹科去L摩天大樓視察時，他們還興奮的說：「這個地點再好不過了！這麼時髦的據點絕對能讓我們挽回一城。」於是，我便邀請太田律師當任本協會的副理事長，為重新出發緊鑼密鼓的準備。

二〇一六年四月，我們與某所函授高中簽訂一年的支援學校合約。二〇一七年另與兩所函授高中簽訂加盟事業。有了維茲青山學園的慘痛教訓，我們自此便不再與固定學校合作。及至現今，仍然維持與兩家學校合作的體制。雖然與兩家函授高中合作，我們仍保持中立立場，避免干預學生或家長的選擇。我們與其他支援學校最大的不同之處，就是除了函授高中以外，另外配合學生的適性，建議報考新宿山吹高中，或者取得高中學力測試等。

支援學校為了營運考量，一般不太建議學生報考其他學校。不過，我們卻仍以學生為重，想方設法的為他們尋找出路。

我們二〇一六年重新出發，從一開始的五名學生漸漸打開名聲。及至二〇一八年，一年的諮詢案件已有四百五十件之多。

今後，本協會預計轉型為非營利法人（NPO），募集各界善款。雖然社會邁入少子化時代，但抗拒上學、窩居家中或者有此傾向的潛在族群，卻絲毫沒有減少的現象。

因此，社會上更需要本協會般的諮詢機關，善盡輔導之責。有鑑於拒學症與繭居兒的問題日趨嚴重，本協會希望透過各界的募資，減輕甚且支付諮詢費用，以便為這些孩子與家庭盡一份心力。

除此之外，本協會更著手加強組織管理與人才培育，提供各位更安心可靠的諮詢服務。

二〇一八年二月，我因罹患十萬人中僅有〇・五人確診的胸腺瘤（thymoma，為重症肌無力，導致肌肉無力的自體免疫疾病），而住院開刀一段日子。所幸手術成功，而且醫生說十年的存活率高達九〇・五％，因此多少鬆了一口氣。然而，這個生死關頭，讓我藉此思索自己的餘生該為社會做些什麼。

因此，我便將數十年的經驗化成文字，讓社會大眾理解拒學症或繭居而並非無藥可救。同時，推動支援學校的學費減免。對於我們周遭為數不少的拒學症與繭居兒而言，這些都是重拾人生不可或缺的因素。如前言所述，祐貴為了呼籲政府正視學費減免的問題，甚至前往東京都議會遞交陳情書。今後我們也將再接再厲，直到成功為止。

本書就是在如此千迴百轉的背景下誕生。書中所闡述的專業知識，均是我耗費三十幾年歲月，歷經數千件輔導個案得來的寶貴經驗。

除了我之外，多虧全體社工與實習生的同心協力，才有如此成績。

最後，謹藉此向所有社工、學員、家長，以及免費提供教室的ＬＥＣ東京 Legal Mind、養老乃瀧，與長期支持本協會的賢達先進，致上十二萬分謝忱。

※參考資料

朝日新聞二〇一五年十二月二十四日「函授高中秋季招生人數倍增，全因就學補助金的詐領」

朝日新聞二〇一五年十二月三十一日「招生增額申請慘遭否決 維茲新校計畫胎死腹中」

朝日新聞二〇一六年九月十四日晚報「維茲前監察人因就學補助金詐欺疑雲受捕」

朝日新聞二〇一七年三月十日晚報「維茲前監察人，『主導』就學補助金之詐領」

附錄

臺灣諮詢管道參考

近幾年來，臺灣兒童或青少年的繭居案例逐漸增加，但大部分的家長遇到這種狀況大多求助無門。為此，本書另外收錄臺灣相關諮詢管道。

初期若發現自己疑似有繭居徵兆時，可以和同儕或朋友討論、向導師尋求協助，亦可與家人或親密伴侶傾訴，以避免整天窩在家中。

除了各大醫療院所之精神醫療科、身心科之外，各縣市之家庭教育中心、社會局、衛生利部心理及口腔健康司、諮商機構等單位，也都是可利用和尋求協助的管道。

以下整理幾家民間諮詢單位機構。

機構名稱	簡介	地址	電話
華人心理治療基金會	備有擅長不同精神領域面向的治療師進行心理諮商。	臺北市中正區羅斯福路二段二號十樓	(02) 7700-7866
財團法人吾心文教基金會	以關懷青少年身心發展，提供拒學之相關協助。	臺北市中山區松江路十七號	(02) 2509-3707
盼心理諮商所	專門提供親子諮商、專業間系統合作諮詢，協助家長、老師能更有效的幫助拒學生。	臺北市大安區四維路一九八巷三八弄一一號三樓	(02) 2701-1116
格瑞思心理諮商所	提供兒童或青少年諮商，包括情緒問題、霸凌創傷、拒學等。透過建立父母、學校與醫療的工作團隊，協助孩子重獲學習本能。	臺北市大安區信義路四段二六五巷二一弄二六號一樓	(02) 2325-4648

機構名稱	簡介	地址	電話
米露谷心理治療所	由臨床心理師及諮商心理師組成的專業團隊，提供專業的兒童、青少年、成人全方位心理健康相關服務。	新北市中和區連勝街二八號二樓	（02）8245-8820
李政洋身心診所	除了提供治療失眠、心理創傷、注集力不集中等諮詢項目，亦有拒學相關諮詢。	臺北市松山區三民路八四號	（02）2762-0086

國家圖書館出版品預行編目（CIP）資料

拒學，不要搶救：第一本讓繭居族願意走出家門的實用SOP！從拒學到正常工作，90%都能恢復。／杉浦孝宣著；黃雅慧譯. -- 初版. -- 臺北市：任性，2020.11
288 面；14.8×21公分. --（issue；023）
譯自：不登校・ひきこもりの9割は治せる 1万人を立ち直らせてきた3つのステップ
ISBN 978-986-98589-8-4（平裝）

1. 問題兒童教育　2. 行為改變術

529.68　　109011746

issue 023

拒學，不要搶救

第一本讓繭居族願意走出家門的實用SOP！從拒學到正常工作，90%都能恢復。

作　　者／杉浦孝宣
譯　　者／黃雅慧
責任編輯／黃凱琪
校對編輯／陳竑悳
美術編輯／張皓婷
副總編輯／顏惠君
總 編 輯／吳依瑋
發 行 人／徐仲秋
會　　計／許鳳雪、陳嬅娟
版權經理／郝麗珍
版權專員／劉宗德
行銷企劃／徐千晴、周以婷
業務助理／王德渝
業務專員／馬絮盈、留婉茹
業務經理／林裕安
總 經 理／陳絜吾

出 版 者／任性出版有限公司
營運統籌／大是文化有限公司
臺北市100衡陽路7號8樓
編輯部電話：（02）23757911
購書相關資訊請洽：（02）23757911 分機122
24小時讀者服務傳真：（02）23756999
讀者服務E-mail：haom@ms28.hinet.net
郵政劃撥帳號／19983366　戶名／大是文化有限公司

法律顧問／永然聯合法律事務所
香港發行／豐達出版發行有限公司 Rich Publishing & Distribution Ltd
地址：香港柴灣永泰道70號柴灣工業城第2期1805室
Unit 1805, Ph. 2, Chai Wan Ind City, 70 Wing Tai Rd, Chai Wan, Hong Kong
電話：21726513　傳真：21724355
E-mail：cary@subseasy.com.hk

封面設計／FE設計．葉馥儀
內頁排版／顏麟驊
印　　刷／鴻霖印刷傳媒股份有限公司

出版日期／2020年11月初版
定　　價／新臺幣360元（缺頁或裝訂錯誤的書，請寄回更換）
ISBN　978-986-98589-8-4